Heimo Hofmeister

Der Wille zum Krieg
oder
die Ohnmacht der Politik

Ein philosophisch-politischer
Traktat

W0194307

V&R

VANDENHOECK & RUPRECHT

Heimo Hofmeister

promoviert und habilitiert für Philosophie an der Universität Wien, lehrte an den Universitäten Tübingen, The American University in Washington D.C. und Wien. Er ist seit 1983 Ordinarius an der Universität Heidelberg mit Schwerpunkt Religionsphilosophie. *Veröffentlichungen u.a.:* Wahrheit und Glaube – Interpretation und Kritik der Sprachanalytischen Theorie der Religion (1977); Philosophisch denken (²1997); Der Mensch als Subjekt und Objekt der Medizin (2000).

Die Deutsche Bibliothek – CIP-Einheitsaufnahme

Hofmeister, Heimo :
Der Wille zum Krieg oder die Ohnmacht der Politik :
ein philosophisch-politischer Traktat / Heimo Hofmeister. –
Göttingen : Vandenhoeck und Ruprecht, 2001
(Kleine Reihe V & R ; 4027)
ISBN 3-525-34027-3

KLEINE REIHE V & R 4027

Umschlag: Jürgen Kochinke, Holle
Schrift: Mirage regular
Satz: Competext, Heidenrod
Druck und Bindung: Hubert & Co., Göttingen

Inhalt

Steinbüste, 2. Jh. n.Chr.
Heraklit (um 540–480 v.Chr.) wird wegen seines schwerverständlichen Denkens „der Dunkle" genannt. Aus seiner nur fragmentarisch erhaltenen Schrift über die Natur stammt das Wort: „Krieg ist aller Dinge Vater, aller Dinge König."

Geh! gehorche meinen Winken,
Nutze deine jungen Tage,
Lerne zeitig klüger sein!
Auf des Glückes großer Waage
Steht die Zunge selten ein:
Du mußt steigen oder sinken,
Du mußt herrschen und gewinnen
oder dienen und verlieren,
Leiden oder triumphieren,
Amboß oder Hammer sein.
(J. W. von Goethe, 1789)

Für Hedwig im Gedenken an
ihren Mann Wolfgang Partaj

1975–2000

Vorbemerkungen

„Der Krieg findet wie die Liebe immer einen Weg
... warum soll er aufhören müssen?"[1]

Thema dieses Buchs ist der *Begriff* Krieg. Ziel ist nicht eine historische oder soziologische Untersuchung des Krieges und seiner Anlässe. Bedenkt man, daß allein in den Jahren 1945 bis 1995 weltweit 181 Kriege geführt wurden, so ist auch einsichtig, daß eine solche Untersuchung den Rahmen dieser Arbeit sprengen würde. Die Beschränkung auf den *Begriff* Krieg ist andererseits nicht als Reduktion einer umfassenden Thematik zu sehen, denn für alle Analysen historischer oder soziologischer Art, selbst für die Zusammenstellung jeder Kriegsstatistik, ist die Klärung des *Begriffes* Krieg Voraussetzung und Grundlage. Daß der *Begriff* Krieg in sich unbestimmt ist, spielt keine Rolle. Dies ist die Eigenart vieler Begriffe und hängt mit dem schöpferischen Wesen der Sprache zusammen, die sich ihre Begriffe nicht ein für allemal definieren läßt. Wir werden versuchen, den Begriff *Krieg* durchsichtig zu machen und das ihn bildende Kraftfeld zu erfassen[2]. Sicher, wir würden es vorziehen, diesen Begriff wissenschaftlich eindeutig definieren und Krieg beispielsweise quantitativ durch die Festlegung einer Mindestzahl von Toten infolge von Auseinandersetzungen bestimmen zu können.[3] Vorteil dieser Einfachheit und Präzision der Begriffsbildung wäre aber erkauft durch ein Absehen von dessen Wirklichkeit und wäre Einschränkung auf ein Modelldenken. Dies hieße, Krieg käme jeweils nur als das zur Sprache, was vorweg in seine Definition durch das Zusammenfassen verschiedener, z.B. quantitativer Merkmale hineingedacht worden ist und wäre die Vernachlässigung von dem, was Krieg seinem Wesen nach ist. Kriege mögen sich zwar in wissenschaftlichen Modellen und deren Sprache erforschen lassen[4], sind jedoch als Kampf auf Leben und Tod derart in die Wirklichkeit unseres Lebens verwoben, daß die Ausleuchtung jeweils der einen oder anderen Perspektive seiner Kraft und gestaltenden Wir-

7

kung letztlich eine verkürzte Darstellung des Phänomens Krieg bieten würde.

Die Bereitschaft zu töten und getötet zu werden ist als gesellschaftliches Phänomen nicht einzelwissenschaftlich zu erklären. Psychologisch erfaßbar sind höchstens die Anlässe, um derentwillen es zum Krieg kommt. Der Aufforderung Albert Einsteins an Sigmund Freud, Vorschläge für eine Vermeidung von Kriegen zu unterbreiten und zu zeigen, wie psychologische Hindernisse für den Frieden abgebaut werden können, weiß Freud mit einer Fülle von Argumenten nachzukommen. Warum wir uns gegen den Krieg empören und ihn nicht, wie viele andere peinliche Notlagen des Lebens, als naturgegeben hinnehmen, wird von Freud dargelegt; bei der Beantwortung der eigentlichen Frage „warum Krieg?" weicht er jedoch in einen historischen Rückblick aus.[5] Nicht sehr beruhigend wirkt hierbei seine Vermutung, „wir sind Pazifisten, weil wir es aus organischen Gründen sein müssen"[6], besonders wenn erläutert wird, daß unsere zunehmende Verabscheuung des Krieges durch den Prozeß der Kulturentwicklung bedingt sei. Von diesem Prozeß sagt Freud nämlich, daß wir ihm das Beste verdanken, was wir geworden sind, aber auch „ein gut Teil von dem, woran wir leiden": Sein Ausgang sei ungewiß, und „vielleicht führt er zum Erlöschen der Menschenart, denn er beeinträchtigt die Sexualfunktion in mehr als einer Weise [...]"[7]

Den Krieg philosophisch seinem Begriff nach zu thematisieren kann nur heißen, ihn als ein Phänomen des Lebens zu erfassen zu suchen. Wer das Leben denkt, denkt es nicht abstrakt bloß in Begriffen, und so muß auch der Krieg in Kräften und Willenseinstellungen als Streit von Mächten gedacht werden, die sich nicht durch Begriffskunst ausgleichen und versöhnen lassen. Demgemäß liegt auch eine Erörterung des *Begriffes* Krieg ganz außerhalb einer formalen Zergliederung der Bestimmungen, die diesen Begriff ausmachen.

Von einer philosophischen Erarbeitung des Begriffes Krieg darf nichts Unbilliges erwartet werden. Die Philosophie kann die Beschränkung anderer Untersuchungsarten weder aufheben noch überhöhen. Doch sie ist gefordert, die Grenze perspektivischen Denkens zu sprengen, und darzulegen, wo der geistige Ort im Denken und Handeln des Menschen ist, von dem Kriege ihren Ausgang nehmen und warum sie, Naturkatastrophen ähnlich, auch vor der Würde und Integrität menschlichen Lebens nicht haltmachen. Den Begriff Krieg

*nach*zudenken kann daher nur heißen, die Komplexität dieses Begriffes, die Vielfältigkeit und Undefinierbarkeit, die den Krieg unbe-
rechenbar und deswegen so gefährlich macht, offenzulegen. Nicht
nur Freud mußte sich durch einen Krieg, nämlich den Ersten Weltkrieg, belehren lassen, daß weder der Besitz von künstlerischen und
wissenschaftlichen Kulturwerten, noch die Hochschätzung des Individuums als Individuum Völker davon abhält, gegeneinander Krieg
zu führen. Eine Enttäuschung, die verstärkt wurde durch die Erfahrungen der Unvorhersehbarkeit des Krieges. Ist es doch nicht zu vermeiden, daß gerade der Krieg ausbricht, an den man am wenigsten
glauben will.[8]

Kriege sind keine schicksalhaften Naturereignisse, sie sind Folge
und Folgeerscheinung von Politik. Um so mehr erschreckt, daß ihre
Zahl nicht ab-, vielmehr zunimmt. Mehr als 170 der seit 1945 geführten Kriege fanden in der Dritten Welt statt, und auch für Europa
weist der Trend nach oben. Nur in Ostasien, zeigt uns die Statistik,
ging die Zahl der Kriege nach Ende der Auseinandersetzungen in
Tibet, Korea und zwischen der Volksrepublik China und Taiwan zurück. Während in den fünfziger Jahren weltweit in einem Jahr durch-
schnittlich zwölf Kriege geführt wurden, waren es in den sechziger
Jahren zweiundzwanzig, und in den achtziger Jahren stieg die Zahl
auf vierzig an. Zur Zeit werden jährlich mehr Kriege begonnen als
beendet.[9] Gerade deswegen, weil Kriege keine Naturereignisse sind,
sondern ihre Ursachen in politischen Handlungskontexten haben,
ist es vonnöten, mehr über jene Konstellation von Faktoren des
menschlichen Daseins zu erfahren, die Krieg bedeuten. Daß Kriege
nicht Schicksal sind, besagt nicht, daß sie in ihrem Zustandekommen
immer der freien Entscheidung politischen Handelns unterliegen. Es
ist ein Ergebnis dieser Untersuchung, daß Krieg Politik ist, politisches Handeln in seiner Machtlosigkeit und Ohnmacht. Die Faktoren, die ein solches Handeln auslösen, mögen vielfältig sein. Einer
von ihnen ist die Staatlichkeit als jene Weise des Zusammenlebens,
in der die einzelnen sich, im Unterschied zur Privatheit in der Familie, als öffentliches Wir gewinnen. Ihrer Herkunft nach sind Staat,
Politik, Krieg eine unauflösbare Trias. Den Begriff *Krieg* im Grund
seiner Herkunft zu denken zwingt, ihn im Verhältnis zu den Begriffen Staat und Politik zu denken. Eine philosophische Reflexion
kommt folglich nicht darum herum, gerade nach dem Stellenwert

von Staatlichkeit, Gemeinschaft und Politik zu fragen, um zu prüfen, ob das von Staat und Politik geforderte Opfer an individueller Freiheit und Lebensglück, durch das Krieg erst möglich wird, unumgänglich ist. Gründet doch Politik in der Furcht vor Gewalt, und der Staat wird als derjenige Zustand gesehen, in dem die Furcht vor der Gewalt zur Sicherheit vor ihr führt.[10]

In einer Vorbemerkung mehr zu sagen, als diese Fragen zu stellen, hieße, die Antworten schon anzubieten, bevor der Gegenstand der Frage umfragt und untersucht ist. Titel und Untertitel dieses Buches verraten einiges über das Feld, das diese Untersuchung absteckt, und auch über die Dimension, innerhalb der Gründe von Krieg – nicht dieses oder jenes Krieges, sondern des Krieges insgesamt – aufgespürt werden. Hierbei geht es nicht um eine historische, sozial-philosophische oder psychologische Bestandsaufnahme dessen, was einmal gewesen ist. Denn solche Überlegungen mögen vergangene Phänomene in ihrem ursächlichen Zusammenhang adäquat erfassen, aber eine Theorie des Krieges, die auch Möglichkeiten der Verhinderung künftiger Kriege bietet, stellen sie nicht dar. Nicht, daß eine philosophische Reflexion des Krieges mehr leisten könnte als all die anderen begrifflichen Auseinandersetzungen und empirischen Untersuchungen. Dies wird nicht behauptet. Philosophie will und kann weder Kriege verhindern noch darf sie welche fördern oder gar philosophisch und ethisch rechtfertigen wollen. Wenn Philosophie eines kann, und dieses Buch versteht sich als einen Beitrag hierzu, so ist es, die innere *Logik* des Krieges durchsichtig zu machen und sie als eine Logik der politischen Ohnmacht zu erweisen: die Quelle, aus der der Krieg seine Gewalttätigkeit speist, offenzulegen. Kriege philosophisch denken ist ein erster Schritt zum Leben und zum Frieden. Nach einem Worte Platons ist Philosophie als Liebe zur Weisheit nicht Überwindung der menschlichen Ohnmacht und des menschlichen Nichtwissens, aber sie ist das Streben, aus dem heraus das Leben in seiner Sinnhaftigkeit verstanden und geliebt werden kann.

Heidelberg, 20. Dezember 2000   Heimo Hofmeister

I. Problemlage

Nach zwei Weltkriegen und dem Erleben einer fast fünfzigjährigen Friedensperiode sind Kriege zwischen den demokratischen Industriestaaten nahezu undenkbar geworden[11]. Der Satz, der Krieg sei Fortsetzung der Politik mit anderen Mitteln, scheint in der gegenseitigen Beziehung dieser Staaten ausgedient zu haben. Kaum ein vernünftiger Mensch wird diese Entwicklung bedauern. Die Periode des „Kalten Krieges" nach 1945 und ihre Überwindung in der Entspannungspolitik der 80er Jahre sowie der politische Zusammenbruch der sowjetischen Militärmacht haben bei vielen sogar die Hoffnung auf einen ewigen Frieden genährt. Läßt sich Friede unabhängig von seinem Gegenpart, dem Krieg, überhaupt denken? Stehen beide in einem wechselseitigen Verhältnis zueinander? Ist Herrschaft Ursache von Krieg oder ermöglicht sie erst Frieden? Dies alles sind Fragen, die sich stellen, weil die Möglichkeit von Krieg in Europa erneut ins Bewußtsein getreten ist.

Die Erfolglosigkeit der Bemühungen der Vereinten Nationen, aber auch der europäischen Staatenunion, kriegerische Auseinandersetzungen, so z.B. auf dem Territorium des ehemaligen Jugoslawien, politisch-diplomatisch zu beenden, hat neuerdings den Ruf nach einem überstaatlichen militärischen Eingreifen als Beitrag zur Friedensschaffung auch in Bevölkerungskreisen laut werden lassen, die bisher den Grundsatz vertraten: „Frieden schaffen ohne Waffen". Die Argumentation, Krieg sowie die Mittel, mit denen er geführt wird, seien grundsätzlich abzulehnen und zu verurteilen, ist in ihrer Logik brüchig geworden. In Militär und Waffen die Voraussetzungen für Kriege zu sehen und anzunehmen, daß deren Abschaffung automatisch Frieden mit sich brächte, heißt die Mittel der Kriegführung mit den Ursachen des Krieges zu verwechseln. Der Slogan „Stell dir vor, es ist Krieg, und keiner geht hin" ist zwar bestechend, doch ein Trugschluß, denn er suggeriert, daß eben dort, wo niemand hingeht, niemand ist und kein Leben sich regt, Friede herrscht.[11] Unbestritten ist, daß Heere und Waffen nicht ausschließlich für den Verteidigungsfall, zur Erhaltung oder Herstellung von Frieden einsetzbar sind, wenngleich die moderne Technik eine unterschiedliche Ausrüstung für Angriff und Verteidigung nötig macht. Aber ist die Vorbereitung auf einen Verteidigungsfall, die der Sicherheit seiner Bürger dient, nicht doch auch eine Vorbereitung von Vernichtung und Zerstörung, speziell wenn die Lagerung und Konzentration von Kriegsmitteln selbst schon ein Risiko darstellen? Ist der Verzicht auf Mittel zur Kriegführung schon der Verzicht auf einen Krieg, oder ist es besser, dem potentiellen Gegner zu gestatten, ohne Krieg zu erreichen, wozu traditionellerweise der Krieg als Mittel angesehen wurde?

Wer zu Hause bleibt, wenn der Kampf beginnt
Und läßt andere kämpfen für seine Sache
Der muß sich vorsehen: denn
Wer den Kampf nicht geteilt hat
Der wird teilen die Niederlage.
Nicht einmal den Kampf vermeidet
Wer den Kampf vermeiden will: denn
Es wird kämpfen für die Sache des Feindes
Wer für seine eigene Sache nicht gekämpft hat.[12]

Denke ich Kriegsmittel, das Militär inklusive, einfach weg und entwerfe eine Welt ohne sie, so müßte ich doch auch den Menschen, wie er in dieser Welt leibt und lebt, wegdenken. Er ist es nämlich, der seine Kräfte und die der Natur auch so zu gebrauchen weiß, daß alles, was er berührt, ihm zur Waffe werden kann. Freilich, die Gewalt des einzelnen ist nicht umfassend genug, um Kriege zu führen; erst aus der Verbindung der Gewalt mit dem Staat entstehen Kriege. Ihr Verhältnis zueinander scheint ein unauflösliches zu sein, so daß sich die Frage „wozu Staat?", die die primäre und grundlegende ist, stellt und nicht die nach dem Wesen von Militär und Waffen. In diesen beiden manifestiert sich nur die Gewalt, die auch ohne sie vorhanden ist.

Krieg und Friede werden gerne als einander entgegengesetzte Zustände gesehen. Voneinander unterschieden – einmal mag dieser, ein anderes Mal jener vorherrschen – scheinen sie sich doch wechselseitig zu bedingen. Sichtbar wird diese Gegensätzlichkeit im Begriff des „Kalten Krieges". Er kennt weder die Kriegserklärung noch

Friedensverträge, die den jeweiligen Zustand politisch festschreiben. Für den Krieg haben beide heute ihre Bedeutung verloren, vor allem die Kriegserklärung als „Scheidelinie zwischen Krieg und Frieden ist verschwunden"[13] und mit ihr die Markierung des Überganges des einen politischen Zustandes in den anderen. Sind Krieg und Friede nicht einfache Gegensätze wie warm und kalt, weiß und schwarz, so müssen wir uns fragen, ob beide etwa Ausdruck jener inneren Entzweiung sind, durch die der Mensch in seinem Menschsein bestimmt ist und die Kant einmal die *„ungesellige Gesellligkeit"*[14] des Menschen nannte. Ist für uns Menschen, die wir weder in der Ungebrochenheit des Daseins wie das Tier noch wie ein Gott in der absoluten Einigkeit mit uns selbst leben, diese *Entzweiung*, die in den elementaren Phänomenen Krieg und Frieden ihre Potenzierung findet, bloß eine geschichtliche Größe, oder ist sie für das Wesen des Menschen konstitutiv? Sind Streit und Kampf tatsächlich, wie Heraklit einst formulierte, „aller Dinge Vater, aller Dinge König"?[15]

Die Vielfältigkeit der Erscheinungsformen des Krieges macht es nicht leicht, ein Grundverständnis dieses Phänomens zu gewinnen. Noch schwieriger erscheint allerdings eine inhaltliche Definition von Frieden, begnügt man sich nicht mit der negativen Bestimmung des Friedens als Abwesenheit von Krieg. Man kann es sogar als zum Wesen des Krieges, aber auch des Friedens gehörig betrachten, daß sie sich einer begrifflichen Erfassung entziehen. Eine umfassende Theorie des Krieges, die über die jeweiligen Gründe und Anlässe hinaus nach dessen zeitloser Natur fragt, hat – sieht man ab von Hugo Grotius' *De iure belli ac pacis* (1625) – als erster der preußische General Carl von Clausewitz in seinem Buch *Vom Kriege* (1832) vorgelegt. Von den meisten anderen Autoren wird das Phänomen Krieg – und dies seit der griechischen Antike – vornehmlich im Kontext anderer Problemstellungen behandelt[16].

Die heute negative Bewertung des Krieges, vor allem im deutschen Sprachraum und bei jenen Völkern, die Opfer zweier Weltkriege wurden, überrascht nicht. Seine Ächtung als Mittel der Politik, auch um der Sicherung und der Erhaltung von Freiheit willen, vollzog sich im Bewußtsein großer Bevölkerungskreise in den Jahren nach dem 2. Weltkrieg. Doch anders als im Verständnis vor allem vieler Intellektueller und „Friedensgruppen" gilt der Krieg in der Politik auch heute noch als *ultima ratio* zur Schaffung und Sicherung von Frieden. Allerdings sind heute Alexander- und Napoleonnaturen, die den Krieg nicht nur als letztes politisches Mittel sehen und den Prozeß der Machteroberung höher stellen als die Stabilisierung von Macht in einem verfaßten Ordnungsgefüge, Ausnahmen, und ihr Verständnis von Krieg findet in der Gegenwart keine Mehrheit.

Schon die Verfasser der Völkerbundsatzung von 1919 forderten, die Schrecken moderner Kriege ahnend, in ihren Artikeln 11–13 ein partielles Kriegsverbot. Der Briand-Kellogg-Pakt vom 27. August 1929 erweiterte dieses zu einem generellen Verbot. Der Inhalt dieses Paktes ist in die *Satzung der Vereinten Nationen* (SVN) aufgenommen worden, die in ihrem Artikel 2, Ziffer 4 jede Gewaltanwendung und auch Gewaltandrohung verbietet und nur das Recht auf individuelle und kollektive Selbstverteidigung[17] gestattet. Diese Bestreitung eines allgemeinen Rechtes auf Kriegführung und die Verpflichtung aller Mitgliedstaaten der Vereinten Nationen zu einem friedlichen Miteinander (Friedenspflicht) bei gleichzeitiger Anerkennung des Rechtes auf Selbstverteidigung bedeutet, wenn nicht einen Widerspruch, so doch die Einschränkung eines totalen Kriegführungsverbotes. Der Grund einer solchen Rücknahme des ursprünglich Intendierten ist keine politische Konzession, sie entspringt vielmehr der Überlegung, daß Krieg nur durch sich selbst aufgehoben werden kann.

Genau genommen wiederholt sich in den Formulierungen der *Satzung der Vereinten Nationen* sachlich die aus dem Mittelalter stammende Unterscheidung zwischen gerechtem und ungerechtem Krieg. Eingeführt wurde diese in die ethische Argumentation durch Augustinus mit seiner Antwort auf die Frage, ob Krieg Sünde sei. Das Argument für die Unterscheidung war, daß der Gute, der sich dem Bösen gegenübersieht, zum Krieg gezwungen ist[18]. Das platonisch–augustinische Denken hebt ausdrücklich auf den Zweck ab, für den der Krieg Mittel sein soll. So lautet im Anschluß an Isidor von Sevilla (um 560–633) die Formel für den gerechten Krieg: „Gerecht ist der Krieg, der auf höheren Befehl zur Wiedererlangung von Sachen oder zur Abwehr von Feinden geführt wird."[19]

Das Verständnis von Krieg, insbesondere jenes eines Verteidigungskrieges, wie es in der Charta der Vereinten Nationen zum Ausdruck kommt, beruht auf dem klassischen Begriff des Rechtsstaates. Nach diesem dient das Militär mit seinen Institutionen der staatlichen Verwaltung von Gewalt. Der Soldat ist gleichsam „staatlicher Funktionär der Gewalt"[20]. Militärisch organisierte Gewalt gibt es im Sinne eines solchen Staatsbegriffes nur, wo es staatliche Ordnungen gibt. Doch auch in Naturzuständen, in denen das Recht des Stärkeren gilt, vereinigen sich die verschiedensten Gruppen zu Zwecken der Verteidigung oder des Angriffes gegen andere Gruppen. Mag die Gewalt, die von ihnen ausgeht, von anderer Art sein als jene, zu deren Verwaltung und Ausübung ein staatlicher Apparat gebraucht wird, so ist sie doch in jedem Falle als kriegerische Gewalt zu bewerten. Wir sprechen von *kriegerischer* Gewalt, wo diese als organisierte Gewalt auftritt und verstehen im Sinne der klassischen Staatsidee die *Staatsgewalt* als eine besondere Form von dieser. Kriege unterliegen bestimmten Vollzugsformen und finden demnach ausschließlich zwischen staatlich oder staatlich analog organisierten Gruppen statt, deren bewaffnete Operationen sich mit einer gewissen Kontinuität ereignen. Die Uniformierung, von der Kriegsbemalung der Indianerstämme, dem Anlegen eines bestimmten Federschmuckes bis hin zum Tragen moderner Kampfanzüge, bringt zum Ausdruck, daß Gewalt nicht als individuelle Gewalt, sondern als *gemeinschaftliche* Gewalt ausgeübt wird. Ihre Anwendung unterscheidet den Krieg von anderen Formen gewalttätiger Austragung von Massenkonflikten[21].

Für den Rechtsstaat ist es seit je charakteristisch, daß seine Angehörigen auf eigenmächtigen Waffengebrauch verzichten und die Wahrnehmung einer bewaffneten Selbstverteidigung jenen Organen überlassen ist, die durch die Regierung dazu verpflichtet sind. So beschrieb schon Thukydides die *Polis* als jene politische Ordnung, die es nicht mehr nötig macht, daß der einzelne seine Waffen stets bei sich trägt. Das staatliche Gewaltmonopol entsteht durch Verzicht des einzelnen auf das sittliche Recht zur Selbstverteidigung und basiert auf der Anerkennung des Staates als einzig legitime Instanz, die das Recht zum Töten besitzt. Andererseits ist es eben diese Monopolisierung von Gewalt, die kriegerische Auseinandersetzungen im großen Stil erst möglich macht. Hugo Grotius, der mit seinem Werk *De iure belli ac pacis* als der große Klassiker des Kriegsrechtes gilt, hat als erster begriffen, daß der Aufblähung des Krieges keine Grenzen gesetzt sind und hat das Bild eines totalen Krieges entworfen. In Vorahnung eines solchen sogenannten Vollkrieges hat er den gesitteten Umgang sich bekriegender Völker gefordert und Regeln hierfür ausgearbeitet. Indem er das *ius in bello* entfaltet, sucht er den Verlust der Lehre vom *ius ad bellum* wettzumachen und so den Krieg als staatlichen Akt zu legitimieren.

Das Verständnis des Krieges als eines Aktes staatlichen oder staatlich analogen Handelns läßt unvermeidlich die Frage nach dem Verhältnis von Staat und Krieg stellen. Unabhängig von der Frage, wie es zu Staatsgründungen kam, ob der Staat entsprechend dem Verständnis der Aufklärung auf Vertrag beruht, ob er eine gottgewollte Einrichtung oder gar nur das Produkt von Gewalt ist, kann gesagt werden: Der Staat hat die Wurzeln seiner Macht in der Ausübung und in der Verhinderung von Gewalt. Kann der Staat Gewalt nicht verhindern und ist er nicht in der Lage, seiner Pflicht zur Nothilfe nachzukommen, so verliert er seine Legitimität. Dies zwingt zur Frage: Erweist Gewalt wie Gegengewalt sich dadurch, daß sie siegreich wird, als rechtmäßig? Ist der Staat also permanent gezwungen, seine Bereitschaft zur Ausübung von Gewalt erkennen zu lassen, und beruht er in seiner Existenz auf ihr? Gilt dies nicht nur hinsichtlich seiner historischen Entstehung, sondern seinem Wesenscharakter nach? Es „existiert kein rechtlich bestehendes gemeines Wesen", schreibt Kant, „ohne eine solche Gewalt, die allen innern Widerstand niederschlägt, weil dieser einer Maxime gemäß geschehen würde, die, allgemein gemacht, alle bürgerliche Verfassung zernichten und den Zustand, worin allein Menschen im Besitz der Rechte überhaupt sein können, vertilgen würde"[22]. Im Staat vollzieht sich, und dies nicht nur für Kant, der Übergang von Gewalt zu Macht und Recht, wobei dies durch Monopolisierung der Gewalt geschieht. Nur wenn sich der Gewalt nicht andere Gewalten widersetzen können, wird demnach die Gewalt zur Macht und damit zum Vollstrecker des staatlichen Willens.

Eine Erörterung dieses Problems und der dadurch herausgeforderten Frage nach der Legitimation von staatlicher Gewalt ihrerseits stellen Überlegungsschritte dieser Ausführungen dar. Wir werden sehen, wie in Überwindung von Gewalt durch den Staat diese verwandelt, aber nicht beseitigt wird. In gezähmter und zugleich gesteigerter Form tritt sie im Staat sittlich und rechtlich legitimiert erneut auf. Die politische Faszination der Gewalt ergibt sich aus der Tatsache, daß sie dem Staat seine Souveränität garantiert. Souveränität sucht Anerkennung, und diese drückt sich nicht nur im Recht aus, sondern auch und zugleich in der Macht. Krieg stellt so als Anwendungsweise von Gewalt eine Möglichkeit der Selbstbehauptung dar.

Wäre – und diese Frage werden wir uns durchaus stellen – der Verzicht auf Souveränität ein denkbares Modell zur Erreichung von Frieden? Eine Antwort kann nur gegeben werden, sofern das Verhältnis von Politik, Macht und Gewalt und deren Zusammenspiel untereinander einsichtig ist. Dies heißt aber, zu klären, ob der Krieg wirklich nur Politik mit anderen Mitteln als den alltäglichen ist. Wir werden versuchen, Frieden und Krieg als Gestaltungen von Politik zu erweisen und so zeigen, daß nicht Friede als Friede neben Krieg als Krieg existiert. Die Unterschiedlichkeit, in der beide bestehen, ergibt sich für uns aus dem der Politik impliziten Verhältnis von Destruktion und hervorbringendem Schaffen. Politische Macht enthüllt sich in der Anwendung kriegerischer Gewalt immer als Ohnmacht, so daß die Frage, ob der Krieg wirklich *nur* ein „Mittel" der Politik ist, sich zuspitzt zu der, ob er nicht vielmehr auch ihre *Kehrseite* ist. Sofern der Staat eine Errungenschaft darstellt, müßte auch der Krieg eine solche sein, denn der Staat ist die Bedingung seiner Möglichkeit. Die geschichtlichen Veränderungen in der Neuzeit, hier vor allem auch die technologischen Entwicklungen unseres Jahrhunderts, haben ihren Einfluß auf den Kriegsbegriff nicht verfehlt. Sehen wir uns diese Einflüsse an, so stellt sich am Ende unserer Überlegungen implizit noch einmal die Frage, was denn der Krieg ist. Wenn wir mit dem Hinweis schließen, daß es zum Wesen des Krieges gehört, daß der Friede sein Zweck ist, so gilt dies als selbstverständlich. Doch gerade dies ist nicht immer eine Selbstverständlichkeit und gibt deswegen Aufschluß über unser Kriegsverständnis, aber auch darüber, woran es dem neuzeitlichen Friedensverständnis mangelt, nämlich an der Umsetzung einer dem Leben inhärenten *Dynamik*, die der Krieg in seiner destruktiven Kraft sehr wohl besitzt und deretwegen er vielen, auch großen Denkern ein *Faszinosum* war.

II. Gewalt

Die Kräfte, die im Krieg zum Einsatz gelangen, sind vielfältig. Unter ihnen ist *Gewalt* nur eine, und sie gilt als das Instrument des Krieges schlechthin.

Was ist unter Gewalt zu verstehen? Die Voraussetzung von Gewalt ist Kraft, doch wirkt sie als Gewalt nur unter bestimmten Bedingungen, die zu kennen zur Entschlüsselung des Begriffes Krieg nötig ist. Dem allgemeinen Verständnis nach ist Gewalt eine bestimmte Art der Einwirkung von Menschen auf Menschen mit dem Ziel, diese zu einem bestimmten Verhalten zu veranlassen. Das deutsche Wort „Gewalt", das sich aus der indogermanischen Wurzel *val – „stark sein" herleitet, meint „Verfügungsfähigkeit haben". Ursprünglich, d.i. im Germanischen, war das Wort „Gewalt" kein Rechtsterminus, sondern wurde in dem vom Recht ausgesparten Bereich der Freiheit verwendet.[23] „Gewalt" diente später zur Übersetzung der lateinischen Begriffe *„violentia"* (Wildheit, Heftigkeit), *„vis"* (Kraft, Stärke) und *„potestas"* (Kraft, Vermögen, Herrschaft). Da im Mittelalter das Wort *potestas* zumeist mit dem deutschen Wort „Macht" übersetzt wurde, gewann „Gewalt" zunehmend die Bedeutung von *violentia*. In diesem Sinne sprechen wir auch heute im Zusammenhang mit dem Begriff Krieg von Gewalt. Jedes einfache Beispiel kann zeigen, daß die Begriffe Gewalt, Kraft, Macht nicht Synonyme sind und eine solche Annahme nur die Unterschiedlichkeit der Handlungsweisen, die sie sprachlich darstellen, verschleiern würde: Kraft ist nötig, um einen Stein zu bewegen, einen Baum zu fällen. Tue ich dem Stein Gewalt an, weil ich ihn hebe? Morden, Töten (letzteres selbst als Notwehr) sind offensichtlich Akte der Gewalt. Verfügt, wer die Kraft besitzt zu töten, auch über die Macht, es zu tun? Unterscheidet der Krieg sich von anderen Formen der Gewalt nicht auch dadurch, daß einen solchen zu führen Macht erfordert?

Ein Blick in das *Deutsche Wörterbuch* von Jacob und Wilhelm Grimm[24] zeigt die unterschiedliche Gebrauchsweise dieser Begriffe. Das Wort Kraft, das der Wortgruppe *Kringel* zugerechnet wird, stammt

aus der indogermanischen Wurzel ˚ger – „drehen, wenden, sich zu-
sammenziehen, verkrampfen" und heißt in der Rechtssprache soviel
wie Gültigkeit (rechtskräftig, außer Kraft setzen, kraft Amtes). Es
meint in seiner allgemeinsten Bedeutung „greifen, packen, zutrau-
en". Kraft des Armes, Muskelkraft und Körperkraft, aber auch Le-
benskraft, Spannkraft, Urkraft, Naturkraft, Gemütskraft, Geisteskraft,
Gotteskraft sind Wortverbindungen, die das weite Bedeutungsfeld
dieses Begriffes abstecken. In der politischen Sprache steht Kraft
neben den Ausdrücken Macht und Gewalt. Wenn diese Worte gelegentlich gegeneinander ausgetauscht werden, so hebt doch bereits
Grimm hervor, daß niemand für „Staatsgewalt" „Kraft" sagen würde.[25] Überlegene Kraftentfaltung definiert das genannte Wörterbuch
als Gewalt und verweist darauf, daß diese oft durch Überraschung
und Ungestüm gekennzeichnet ist. Die gewaltsame menschliche
Handlung wird im Gegensatz zur besonnenen Überlegung gesehen,
und dort, wo Gewalt bei naturhaften Ereignissen zum Ausbruch
kommt, in Verbindung mit dem Schreckhaften. Anders als z.B. in
den Begriffen Stärke, Kraft und Macht drückt sich im Begriff Gewalt
ein Zwang aus, der häufig in Verbindung mit Frevel und Unrecht
erfahren wird. Die Wendung „Gewalt geht vor Recht" unterstreicht
die Nähe zwischen Gewalt und Unrecht.

Wenngleich das vorherrschende Verständnis von „Gewalt" das
des Zwanges ist, so darf nicht übersehen werden, daß der Umfang
des Begriffes Gewalt auch Begriffe wie Amt, Obrigkeit, Vollmacht
und Ansehen umfaßt. Wir sprechen, wo wir den Begriff „Gewalt"
gebrauchen, diese nicht immer als Verletzung von Freiheit (womög-
lich mittels des Einsatzes von physischer Kraft) an. Die Grundbe-
deutung *Besitz einer Verfügungsfähigkeit* ist durchaus noch gegen-
wärtig, beispielsweise in der Verwendung des Wortes „Schlüsselge-
walt", oder wenn wir von der gesetzgebenden Gewalt des Parlamen-
tes reden. Gewalt ist hier in beiden Fällen in ihrem Bezug zur Macht
gesehen, ja durch diese geradezu legitimiert gedacht.

Es zeigt sich, daß gegensätzliche Bedeutungen den Begriff Gewalt
im Deutschen bis heute bestimmen. Sie sind in den unterschiedlichen Versuchen der Legitimierung von Gewalt zu finden. Während
die einen sie nur als Gegengewalt akzeptabel finden, sehen die anderen Gewalt keineswegs als Unrecht an, sondern argumentieren wie
schon Hugo Grotius, daß Gewalt mit zur Freiheit gehöre und jeder

Mensch die Pflicht habe, „das Seine unverletzt zu erhalten"[26]: Jeder verfüge über einen Raum des Handelns, der seiner Gewalt unterstehe.

1. Kraft ist nicht Gewalt

Kraft ist nicht Gewalt und auch nicht Macht, aber umgekehrt sind weder Gewalt noch Macht ohne Kraft zu denken. Nennen wir jemanden besonders kräftig, so sprechen wir ihm ein Vermögen zu Handlungen zu, die ein anderer nicht in gleicher Weise ausführen kann. Wir reden aber auch von der Sehkraft und sehen im Sehvermögen überhaupt eine Kraft, nämlich die Kraft zum Sehen. Von Kraft sprechen wir aber nicht nur bezüglich des Lebendigen, sondern auch des Leblosen. Wir unterscheiden die magnetische von der elektrischen Kraft und diese wiederum von der Gravitationskraft. Kraft in diesem Sinne meint nicht ein Vermögen, das ich betätigen kann oder auch nicht, wie z.B. die Sehkraft. Wer sehen kann, muß nicht sehen. Zu sagen, Lebewesen seien mit Kraft ausgestattet, ist nur bedingt richtig. Genaugenommen muß es heißen, daß Kraft ihre Bestimmung ist, wie auch die von allem anderen Seienden. Das Wort vom Krieg, zu dem keiner hingeht, übersieht, daß Kraft das Vermögen zum Krieg wie zum Frieden ist, denn das Leben selbst ist Kraft. Das Fehlen von Kraft ist das Ausbleiben von Leben. Müßte man zum Krieg hingehen und wäre er, wenn er denn ist, nicht in unserer Macht und durch unsere Kraft, so wäre er nicht mehr als ein Vulkan oder ein aus seinem Bette tretender Strom mit seinen Gefahren und Schrecken.

Wie erfahren wir denn Kräfte? Wir sehen die Sehkraft ebensowenig wie die Schwerkraft. Wir sehen ein Bild, und wir sehen den fallenden Stein. Was wir mit dem Bild und dem Stein nicht sehen, sind die Kräfte, die dieses Bild und dieses Fallen zustandebringen, doch von ihnen als Wirkungen können wir nur reden, wenn wir sie vorweg schon in der Perspektive einer Kraft denken. Kraft kann nicht als etwas ontisch Vorliegendes, eine Art von Seiendem, das vorkommt wie ein Ding, gefaßt werden. Ebenso sind Tote, Verwundete, brennende Häuser, zerstörte Landschaften Folgen von Krieg, aber als solche können wir sie nur bezeichnen, weil wir sie bereits als dessen Werk sehen. Die ungeheure Kraft, die Kämpfende gegeneinander treibt und in Zwietracht voneinander scheidet, bleibt uns ebenso verschlossen wie die Sehkraft und Schwerkraft.

Wenn wir von Kraft in einem grundsätzlichen Sinne sprechen, ist sie nicht ein Feld von Vorkommnissen, sondern wir denken sie als das Innerste alles Seienden. Die Berechtigung zu einem solchen Kraft- und Seinsverständnis ist nicht leicht aufzuweisen. Kraft gleichsam als die Kategorie der Kategorien, als den Grund von allem zu sehen, ist eine Einsicht, die von Aristoteles und vor allem von Leibniz[27] vorbereitet wurde, und es erfordert, die innere Bewegtheit im Bau des Seienden darzulegen und die Vielfalt seiner kategorialen Bestimmungen aus der Kraft als dem organisierenden Prinzip begreiflich zu machen. Unser Anliegen im Rahmen dieser Ausführungen ist bescheidener. Zwar setzen wir Kraft als Fundamentalkategorie alles Seienden voraus, aber die Wahrheit dieser Grundannahme gilt es nur den Begriff Krieg darzulegen. Gelingt es, Krieg, Gewalt und Macht als Modifikationen einer solchen Fundamentalkategorie Kraft zu erweisen, so mag es auch möglich sein, der Bedingungen habhaft zu werden, die die Umwandlung von Kraft in Gewalt geschehen lassen.

Sich über den Krieg klar zu werden heißt, die Kraft und ihre Wirkung verständlich zu machen. Wir verstehen Kraft als Fähigkeit alles Seienden, nicht nur im Sinne seiner Ausstattung, sondern als Fähigkeit zur Existenz. Naturerfahrung ist die Erfahrung von Kraft. Dies bedeutet, daß Kraft und ihre Äußerung zusammengehören. Sie sind nur unterschiedene Momente an dem Einheitlichen, das Bewegung ist. Sagen wir, das Seiende insgesamt sei Bewegung, Entstehen und Vergehen, Veränderung, Zunahme und Abnahme, so sagen wir auch, das Seiende sei Kraft und Äußerung von Kraft. Der Kraftbegriff meint somit nicht nur eine Bewegung, die sich an einem schon Seienden vollzieht, sondern jedes Ding, ob belebt oder unbelebt, sofern es überhaupt ist, ist schon *Bewegung*. Alles, was ist, ist sich äußernde Kraft. Alles, was ist, ist Einheit, ein Eines, das sich im Vielen seiner Eigenschaften *bewegt* und ausbreitet. Seiendes existiert für sich selbst und stellt sich doch zugleich in der Vielheit seiner Wirkungen oder auch Handlungen dar. Der Stein ist hart, kantig und farbig und beispielsweise aus Kalk. Mittels dieser Eigenschaften wirkt er. Er kann nicht nur bewegt werden, er ist an sich selbst Bewegung in seinem Entstehen und Vergehen. Jeder Stein ist der Verwitterung ausgesetzt. Er ist wie alles Seiende Bewegtsein, weil dieses seinem Wesen nach Kraft ist.

Kraft ist immer *wirkende* Kraft. Die einfachste Form dieses Sich-Äußerns ist es, da zu sein, sich an einem bestimmten Ort zu einer bestimmten Zeit in seiner Stärke zu behaupten. *Stärke* meint das Kräftigsein überhaupt und nicht eine bestimmte Kraft. Kraft ist auch nicht eine bloße Kategorie unseres Denkens, sondern sie tritt uns, wo wir sie in ihrer Wirkung und Äußerung erfahren, als eine Bestimmtheit des Seienden und Wirklichen selbst entgegen. Weil nun aber Kraft nicht für sich besteht, sondern nur in der Äußerung für uns wahrnehmbar ist, erfahren wir z.B. die Wärmekraft des Feuers im Brennen und im Erwärmen. Wie das Feuer als Wärmekraft immer auf Erwärmbares bezogen ist, die Wärme der Sonne verspürt wird, wo sie den Stein erwärmt, so ist diese Äußerung nicht etwas Zufälliges, das sich eben ereignet, weil ein zufällig vorhandenes Erwärmbares getroffen wird, sondern die Kraft ist von sich aus immer schon bezogen auf ein Feld ihrer Äußerung. Sie braucht einen *Widerpart*, auf den sie einwirken kann. Wenn nun alles Seiende Kraft ist, so ist das, auf das eingewirkt wird, in unserem Beispiel das Erwärmbare, auch seinerseits Kraft, die unter Umständen eine Gegenkraft sein mag. Wenn wir die Kraft des Tuns von der Kraft des Leidens unterscheiden, so müssen wir doch sagen, daß jede von diesen beiden Kräften jeweils auf ein Widerständiges bezogen ist. Die Kraft des Tuns und die Kraft des Leidens hatte bereits Aristoteles als je verschiedene erkannt und festgestellt, „daß in gewissem Sinne die Kraft (*dynamis*) des Tuns und des Leidens eines ist [...]"[28]

Wirkende Kraft ist ein Widerspiel von Kräften, die sich gegenseitig bedingen. Die Gegenkräfte fordern einander in ihrer Äußerung wie in ihrer Selbständigkeit. Das Erwärmtwerden durch die Sonne ist nur an dem wirklich, was das Erwärmtwerden erleidend zuläßt. Die Kraft des Wärmens, die sich zu äußern sucht, kann dies nur, wenn die leidende Kraft des Zulassens, des passiven Offenseins, sich nicht verschließt. Das wechselseitige Bedingungsverhältnis im Gegenspiel der beiden Kräfte erscheint uns nicht als *Gewalt*. Wir sagen von der Sonne nicht, sie tue dem Stein Gewalt an, wenn sie ihn erwärmt.

Unsere Überlegungen besagen, daß die am Werk seiende und wirkende Kraft in zweifacher Weise tätig ist, einmal als leidende und einmal als aktiv. Wenn Kraft von sich selbst her auf Widerstand bezogen ist und Widerstand also braucht, um als Kraft wirken zu können, ebenso wie das Feuer etwas Erwärmbares braucht, um sich in seiner Kraft darstellen zu können, so ist das Leiden immer schon einbezogen in die Aktivität des Tuns und umgekehrt. Die Doppelnatur der Kraft, die sich in jeder herstellenden Handlung erweist, kennzeichnet zum Beispiel die Kunst des Töpfers, der des bildsamen Tones bedarf, um sich in diesem auszudrücken. Die tätige und die leidende Kraft setzen einander voraus, und dies nicht nur im logischen Sinne, sondern in Wirklichkeit. Die Gegenkräfte bedingen sich wechselseitig, dergestalt, daß die tätige Kraft nur tätig sein kann, sofern ihr Tätigsein als Möglichkeit der leidenden Kraft angelegt ist. Sowenig wir von der Sonne sagen, daß sie dem Stein Gewalt antut, sagen wir es vom Töpfer, der den Ton formt. Hier ist das Leidende das Feld des Tätigen, weil zugleich das Tätige Darstellung des Leidenden ist. Das Gegenspiel der Kräfte ist Aktualisierung unterschiedlicher, aber aufeinander bezogener Möglichkeiten des Tätigen und des Leidenden.

Auch *Gewalt* als Zwang ist eine Aktualisierung von Möglichkeiten, aber von solchen, die dem Erleidenden zuwider sind. Als eine solche Kraft hat Gewalt den Charakter des *Destruktiven*. Man mag nun darüber streiten, ob dem Felsblock, der von Wassermassen mitgerissen wird, ob der Antilope, die von einem Löwen geschlagen wird, Gewalt widerfährt. Zweifelsfrei bezeichnen wir auch Naturereignisse als ein gewaltsames Geschehen und sprechen daher von Naturgewalten. Ob und wann in der Natur ein natürliches Gegenspiel der Kräfte vorliegt oder aber, ob sich in ihr Gewalt vollzieht, läßt sich nicht sagen, solange wir die Natur und ihre Möglichkeiten in ihrer Zielsetzung nicht kennen. Fraglos ist sie in ihrem Dasein der Widerstreit unterschiedlicher Kräfte. Nicht anders verhält es sich mit dem Menschen, nicht nur in seinem Bezug zur Natur, sondern auch im Verhältnis der Menschen untereinander. Der menschliche *Wille* ist nicht durch die Universalkraft Natur durchgängig determiniert, als sich ins Dasein übersetzendes *Denken* ist er Eigenwille. Ein solcher ist zwar nicht frei von Vorgaben, doch das Ziel seines Handelns ist ihm nicht durch die Natur, auch nicht durch eine besondere Natur des Menschen unwiderruflich vorgegeben, sondern zu seinem Ziel kann und muß der Mensch sich frei entschließen. Der Mensch mag daher mit der Natur, mit anderen menschlichen Wesen, ja auch mit sich selbst im Streite liegen.

Wenn wir nun aufgrund unseres Verständnisses des Seienden als

Gegenspiel von Kräften das Wesen des Seienden als *Widerständigkeit und Streit* fassen, so behaupten wir mit dieser erläuterungsbedürftigen Bemerkung vorerst nichts anderes als das, was Heraklit darlegen wollte mit dem Satz: „Der Kampf ist aller Dinge Vater, aller Dinge König."[29] Das Wesen des Seienden als Streit, oder wie Heraklit es nennt, als „Kampf" zu fassen, will vorerst nur besagen, daß Seiendes durch sein jeweils Konträres immer in Bewegung gehalten ist. Licht und Finsternis befinden sich demnach ebenso wie Warmes und Kaltes, Feuchtes und Trockenes im steten Streite miteinander. Ihr jeweiliger Zustand ist nur Ausdruck eines Bezuges von Konträrem, wie sich auch Männliches von Weiblichem unterscheidet.

Doch wieso gewinnt dieser Widerstreit der im Menschen wirksamen Kräfte in der Form der Zwietracht eine qualitativ neue Dimension?

Kraft als Beziehungsbegriff zu fassen ist nicht neu, es ist eine Einsicht, die seit Platon für alles Verstehen von Gewalt und Macht ihre Gültigkeit hat. Er interpretiert sie so, weil ohne Kraft Gemeinschaft nicht möglich ist, und dem Menschen kein Werk, keine Tat gelingen kann.[30] Wo etwas hervorgebracht wird, bedarf es der entsprechenden Kraft hierzu, und wo diese *dynamis* angetroffen wird, kann ein Verhalten des Verfügens oder des Besitzes ausgedrückt werden.[31] Einander entgegengesetzte Kräfte, die aneinander ihre Grenze finden, sind durch ihre Unterschiedenheit nicht nur voneinander getrennt, sondern auch miteinander verbunden, denn jede Grenze trennt, indem sie verbindet, und verbindet, indem sie trennt.

Für den Menschen ist die Äußerung von Kraft nicht bloß Ausdruck einer physischen Manifestation, sondern die Umsetzung seiner Freiheit als Wille. Schon Aristoteles hält fest, daß die Tugend zwar keine in jedem Menschen fertig angelegte Kraft ist, doch daß es der Kraft als Vermögen bedarf, um überhaupt tätig werden zu können, dies in einem besonderen Maße, wenn man tugendhaft handeln will: „Möglich ist das, was wir aus uns selbst heraus vollbringen."[32]

Aristoteles macht einsichtig, daß Beziehung und Gegensätzlichkeit der vom Menschen hervorbringbaren Kräfte nirgends anders als in ihm selbst liegen und mit seiner Freiheit gleich ursprünglich sind. Das, was in unserer Kraft steht,[33] ist das, was uns selbst zuzurechnen ist. Hiermit ist festgehalten, daß der Ursprung spezifisch menschlicher Kraft mit dem der Freiheit und des Willens zusammenfällt, weil das „bewegende Prinzip in uns selbst"[34] gründet, liegt es an uns als Menschen, ob und wie wir handeln. Der Mensch bleibt allerdings trotz seiner Freiheit mit der Natur so verschwistert, daß ihm deren Kräfte als Herausforderung entgegentreten und er, um leben zu können, streben muß, sie zu beherrschen. So in der Arbeit einmal an sich selbst, und ein andermal an jenen Kräften, in denen die Natur ihre eigenen Zwecke denen des Menschen entgegensetzt. Während die Arbeit des Bauern und die des Forstmannes noch im Mitgehen mit der Natur deren Kräfte zu nutzen suchen, formiert der Techniker die Natur in der Weise, daß er seine Arbeit und seine Zwecke nicht neben die Natur, sondern ihr entgegensetzt. Auch das ist Gewalt.

Im Bezug der Menschen untereinander wird das Gegenspiel der Kräfte dort zur *Gewalt*, wo menschliches Wirken die Freiheit und Würde anderer außer acht läßt und damit keine Möglichkeiten gesetzt werden, die in *Gegenseitigkeit* angenommen sind. Dies heißt: Auch im Bereich der menschlichen Freiheit gibt es den Unterschied zwischen der Kraft des Tuns und der des Leidens. Die Kraft des Tuns wird nun dort zur Gewalt, wo die erleidende Kraft sich dem Tun verschließt und von sich aus nicht bereit ist, dieses zuzulassen. Das Verhalten des Gegenparts ist nicht passives Offensein, sondern ein aktives Verschließen und Entziehen. Im analogen Sinne kann nicht nur Personen, sondern auch ihren Werken, z.B. einem Text durch die Auslegung, Gewalt angetan werden. So vergewaltigt jede bewußte Verstehensstörung einen Text in seinem Sinn, wo sie seinen Geist mißachtet, auch wenn sie sich auf seine Buchstaben beruft.

2. Gewalt und ihre Formen

Im Spiel von Kraft und Gegenkraft werden Möglichkeiten aktiviert, die die ureigensten der aktiven wie der leidenden Kraft sind. Auf den von der Sonne erwärmten Stein wird eingewirkt, ohne daß ihm deswegen Gewalt widerfährt. Es mag sein, daß der Bildhauer, der den Stein behaut, gewaltige Schläge führt, hierbei nur im Stein ruhende Möglichkeiten freizulegen sucht. Diese Bewegung, die das im Stein schlummernde Bildnis sichtbar macht, ließe in die Wirklichkeit treten, was als Möglichkeit im Stein liegt. Dies meint nicht, daß die Bestimmung, zur Statue zu werden, bereits im Stein vorgegeben sei, sie ist nur eine Möglichkeit in ihm, und obgleich sie die Kraft ihrer Ausführung im Schaffen des Künstlers hat, ist diese nicht unbedingt Gewalt. Eindeutig bestimmbar vollziehen sich natürliche Bewegungsabläufe wie das Wachsen eines Baumes: Der Baum hat das Ziel seines Werdens in sich selbst, Gewalt widerführe ihm nur dann, wenn es zur Unterbindung der in ihm angelegten Möglichkeiten der Entfaltung kommt. Gewaltsam ist jede Kraft, die den Möglichkeiten eines Seienden entgegenwirkt bzw., im Sonderfall des Menschen, die nicht dem intendierten Handlungsgeschehen des durch die Kraft Gezwungenen entspricht. Aristoteles konnte daher in einer heute noch gültigen Definition einen Vorgang als gewaltsam bezeichnen, „dessen bewegendes Prinzip von außen her eingreift, und zwar so, daß bei seinem Einwirken die handelnde oder die erleidende Person in keiner Weise etwas beiträgt".[35] So können wir vorerst sagen: Alle Eingriffe in Bewegungsabläufe, die deren immanenter Entwicklungsrichtung zuwiderlaufen, sind *gewaltsam*.[36]

Gewalt ist die Überwindung eines *Widerstandes* durch dessen *Beseitigung*. Mit Kraft überwinde ich ein mir entgegentretendes Hindernis. Ich überspringe es, klettere darüber hinweg, ich weiche aus. In der Gemeinschaft von Menschen heißt dies, Gewaltanwendung ist die Mißachtung des unmittelbaren Willens des durch die Wirkung einer Kraft Betroffenen. Der Gewalt weiche ich. Ich fürchte ihren destruktiven Charakter, da Gewalt, wenn sie auch nicht in dieser oder jener bestimmten Form unmittelbar zerstörend wirkt, sie es doch mittelbar ist. Weder eine politisch noch eine religiös legitimierte Ausübung von Gewalt kann über dieses Faktum hinwegtäuschen, und es erfordert vielmehr zu fragen, ob nicht in der Destruktion durch Gewalt auch die Kraft liegt, Neues hervorzubringen. „Die Lust der Zerstörung" muß deswegen nicht „zugleich eine schaffende Lust sein".[37] Wie Gewalt immer auch als kreative destruktiv ist, so ist sie, gegen Menschen ausgeübt, in unterschiedlichem Maße Beschränkung von Freiheit, d.h. Zwang, und für sich genommen folglich ein *negativum*.

Wir sprechen auch von Gewalt im Sinne von Autorität, Durchsetzungsfähigkeit und Kompetenz. Hier eignet dem Begriff Gewalt eine positive Konnotation. Ebenfalls gilt dies von der Befehlsgewalt wie von der vormundschaftlich erzieherischen Gewalt, obgleich auch hier Kraft entgegen dem ausdrücklichen Willen des Betroffenen angewandt wird. Wer die Befehlsgewalt besitzt, hat das Recht und die Pflicht, anderen zu befehlen, d.h. sic zu einem bestimmten Handeln zu zwingen. Die vormundschaftliche Gewalt setzt auf die nachträgliche Zustimmung des mündig Gewordenen und wird deswegen als positiv erachtet. Sie ist eine durch das Ziel, dem sie dient, legitimierte Kraftausübung. Den Gewalten des Staates, der legislativen, judikativen und exekutiven, wird gleichfalls eine positive Funktion zugesprochen, sie gelten vorweg als legitimiert, weil sie den Staat, sonderlich den demokratischen erst möglich machen. Nicht anders als diese politische Tradition des Gewaltverständnisses versteht sich die religiös-christliche, die alle von Gott ausgehende Gewalt als konstruktiv und legitim betrachtet. Es ist charakteristisch für Gewalt, daß sie eine Rechtfertigung nicht durch sich selbst erfahren kann, sondern nur durch den Zweck, dem sie dient. Wir können zwar manche Konstellation des Zustandekommens eines solchen Sturmes erklären, weswegen der Sturm tobt, Bäume entwurzelt, Häuser zerstört, Fluten aufgewirbelt werden, nicht aber, wieso es sich letztlich so und nicht anders verhält. Das „worum willen" des Sturmes ist nicht angebbar. Wo der Mensch jedoch handelt und wirkt und als der Auslöser von Gewalt gesehen wird, läßt die Frage nach dem „worum willen" eine Antwort erwarten.

In der Natur scheint Gewaltanwendung natürlich geregelt zu sein, so daß auch dem Tier, wo es Gewalt übt, diese für die Arterhaltung zweckhaft ist: Durch Gewalt bestimmt sich die Auswahl des stärksten Tieres als Leittier, die Aufgliederung der Gruppe zu einer Rangordnung, in der auch dem schwächsten Tier sein Platz zugewiesen ist. Menschliche Gewalt, weder *physische* noch *psychische* ist als solche zweckhaft, und wo sie ausgeübt wird, steht hinter ihrer Anwendung eine Entscheidung bezüglich ihres „Worumwillens". In der psychischen Gewalt besitzt der Mensch eine Möglichkeit von Kraftanwendung, die die nicht-menschliche Natur, wenn überhaupt, so nur bedingt kennt, und die zum einen als selbständige Gewaltart neben der physischen steht und zum anderen diese, indem sie ihr einen Zweck zuspricht, in ihren Dienst zu nehmen vermag.

Die herkömmliche Unterscheidung zwischen einer Gewalt, die absolut ist, und derjenigen, die nötigt, versteht physische Gewalt zumeist als absolute, weil sie den Willen des Gezwungenen völlig unberücksichtigt läßt. Im Unterschied zur *vis absoluta* bezeichnet sie als *vis compulsiva* eine Einwirkung, die dem Betroffenen trotz ihres nötigenden Charakters einen Spielraum zur Entscheidung läßt. Nötigend wirkt sie auf den Betroffenen mittelbar ein und sucht dessen Wollen in eine bestimmte Richtung zu lenken. Das durch eine solche Gewalt erwirkte Verhalten mag nicht ersehnte, nicht erstrebte Folgen hervorbringen, doch sind Verhaltensweisen dieser Art keinesfalls als „unfreiwillige"[38] anzusehen. Die Unterscheidung zwischen absoluter und nötigender Gewalt besagt nicht, daß nicht auch psychische Gewalt eine absolute sein kann, und sie läßt auch keinen Rückschluß auf die Absicht desjenigen zu, der Gewalt verursacht. Eine Parallelisierung von absoluter und physischer Gewalt einerseits und psychischer und nötigender andererseits verschleiert nur die tatsächliche Wirkungsweise psychischer Gewalt und die Art, von deren Zugeordnetheit zu jener. Sehen wir uns jene Gewalt, die wir als psychische bezeichnen, näher an.

Geht man davon aus, daß es, im Unterschied zu einem Geschehen, zur Handlung gehört, dem Motiv und Bewegungsgrund nach frei zu sein, so vollzieht diese sich stets mittels eines Vorsatzes und eines Entschlusses. Eine absolut wirkende Kraft, die die Willensbildung ausschaltet, unterbindet den Entschluß bzw. dessen Ausführung *unmittelbar*. Anders eine Kraft als *vis compulsiva*: Sie wirkt durch *Bedrohung* und *Verlockung* auf den Entschluß nicht direkt ein, ihre Gewalteinwirkung richtet sich auf den Handlungs*vorsatz*. Sie konkretisiert sich *mittelbar*. Mittelbare Gewalt ist zumeist psychische Gewalt. Sofern die Handlungssituation samt den Alternativen, vor die sich der Handelnde gestellt findet, die Möglichkeit der Wahl beläßt, bleibt die Verantwortung für sie bestehen, weil die Angst vor Qualen, selbst vor dem Tod, die Zurechenbarkeit einer Handlung nicht aufhebt. Die Androhung von Strafe nimmt dem Handelnden ebensowenig wie Lockungen die Möglichkeit einer eigenen Entscheidung. Auch eine Wahl zwischen zwei Übeln beläßt die Freiheit zu wählen und die Verantwortung für die getroffene Entscheidung.

Jede mittelbare Gewalteinwirkung bedarf der Zustimmung, sie setzt auf die Komplizenschaft desjenigen, auf den Gewalt ausgeübt wird. Absolute Gewalt verzichtet auf jede Herstellung eines Konsenses mit den Betroffenen. Während sie sich zumeist über den Arm – deswegen auch Brachialgewalt genannt – vollzieht, bedient sich mittelbare Gewalt als *psychische* Einwirkung zumeist der Sprache.

Drohung und Verlockung in ihrer Erzeugung von Furcht lassen

28

sich fraglos so sehr steigern, daß sie der Anwendung von *physischer* und damit unmittelbarer *Gewalt* gleich werden. Sie können das Vermögen, sich in seiner Freiheit zu behaupten, übersteigen. Aus ihnen resultierendes Verhalten mag in Ausnahmefällen, bar jedes Vorsatzes und Entschlusses, nicht mehr von Geschehensabläufen zu unterscheiden sein. Wenn aus diesem Umstand auch nicht gefolgert werden darf, alle psychischen Einwirkungen seien als unwiderstehbare Gewalt zu definieren, sobald sie für uns mit irgendwelchen Vorteilen oder Nachteilen, Gefühlen der Lust oder Unlust verbunden sind, so muß doch festgehalten werden, daß physischer Zwang nicht die einzige Form von absoluter Gewalt ist. Gewalt ist in ihren Erscheinungsweisen eben vielfältig. Auf andere kann man in unterschiedlicher Weise gewaltsam einwirken.

Sagt die Unterscheidung zwischen *vis absoluta* und *vis compulsiva* nichts über die jeweilige Rechtmäßigkeit von Gewalt aus, so läßt sie doch unterschiedliche Arten ihrer Verhinderung erkennen. Zwar kann psychischer Gewalt unmittelbar physische entgegengesetzt werden, doch kann auch die Gegendrohung oder ein überzeugendes Wort die richtige Weise, ihr zu begegnen, sein. Absolute Gewalt, vor allem als physische Gewalt, fordert nicht notwendigerweise eine ebensolche physische Reaktion, obgleich diese in bestimmten Situationen die einzige Möglichkeit sein mag. Der besondere Fall der Naturgewalten hingegen kennt nur physische Gegenwirkungen, wenn als ihre Ursache nicht ein göttliches Wesen oder der Mensch aufgrund seines Verhaltens gesehen wird. Auf steilen Berghängen kann der Abgang von Lawinen nur durch Lawinenschutzbauten oder Aufforstung verhindert werden, vorausgesetzt, daß nicht eine ein Waldsterben verursachende Umweltverschmutzung als Grund für die Lawinengefahr in Frage kommt.

Drohung ist eine Handlung mittels der Sprache, sei es in ihrer schriftlichen oder mündlichen Ausdrucksform. Sie ist Gewalt durch Worte. In ihr setzt der Sprechende nicht auf die Offenheit des Angesprochenen und auf die Kraft des Arguments. Er will oder kann die Zweckmäßigkeit seiner Absicht nicht *überzeugend* darlegen. Zu überzeugen ist eine Kunst, die sich an die Wirkung ihrer Argumente gebunden weiß. Selbst wo die Rede eine Erregung hervorzurufen sucht, kann sie als eine gewaltlose Art der Einwirkung gelten. Erst wo eine Erzeugung von Affekten nicht begleitendes Beiwerk bleibt, das das

Verstehen der Richtigkeit von Argumenten erleichtern will, sondern an die Stelle der Einsicht tritt, wird die Sprache in der Rede zu einer Form von Gewalt. Nicht das Einleuchtende des Argumentes soll den Zuhörer überzeugen, vielmehr soll gerade die kritische Besinnung durch die emotionale Erregung verhindert werden und der Zuhörer dazu genötigt werden, seiner Erregung Folge zu leisten. Die gute Rede ist zwar von jeher gewandt und eindrucksvoll, aber das Ideal ihrer Kunst ist es nicht nur, etwas *gut* zu sagen, sondern auch das Sagen des *Richtigen*, das heißt des *Wahren*. Durch rhetorische Erregung von Angst und Furcht wird meist ein Verhalten herbeizuführen gesucht, für das keine überzeugenden Argumente angeführt werden können, oder deren Nennung – auch das ist eine Möglichkeit – ungehört verhallt. Eine solche Rede ist in ihrem Androhungscharakter zwar nicht unmittelbare, aber doch mittelbare Gewalt, der die Kraft von Worten in einer Auseinandersetzung als Waffe dient.

Im Falle des Unterschiedes zwischen absoluter und kompulsiver Gewalt sind Rückschlüsse möglich, ob ein Verhalten dem Menschen, der durch Gewalt getroffen wird, zurechenbar ist oder nicht. Kriterien einer unterschiedlichen Bewertung der Gewalt als positiver oder negativer lassen sich aus der Bestimmung ihrer Form nicht ableiten, wenngleich sich aus der Unterschiedlichkeit der Form, in der Gewalt als physisch und absolut, psychisch und kompulsiv oder als psychisch-absolut auftritt, auch der Bezug dieser unterschiedlichen Gewaltformen auf- und zueinander ablesen läßt.

3. Der Wille – das Medium menschlicher Gewalt

Jeder menschlichen Gewalt liegt ein Wille zugrunde. Physische Gewalt ist Darstellung dieses Willens, während die psychische dieser Wille selbst ist. Sofern physische Gewalt absolute Gewalt ist, kann der Wille, der sie hervorbringt, im Verborgenen bleiben, ist psychische Gewalt absolute, ist sie identisch mit dem Willen zur Gewalt. Der physischen Gewalt geht der Wille zur Gewalt vorher. Sie ist eine Kraft, die absolut wirkt, jedoch den Grund ihrer Wirkung außerhalb ihrer selbst hat. Psychische Gewalt ist sich selbst der Grund ihrer Wirkung. Sofern sie absolute Gewalt ist, ist auch ihre Wirkung unmittelbar. Ist sie mittelbare Gewalt, so hat psychische Gewalt nicht den Grund, jedoch ihre Wirkung außer sich. In diesem Sinn lernten wir sie als Drohung und Androhung kennen.

Mit anderen Worten: Die Zuordnung verschiedener Gewaltformen und ihre Kategorisierung als *vis absoluta* oder *vis compulsiva* beschreibt die Wirkungsweise, aber nicht die Herkunft von Gewalt. Ihrer Herkunft nach entstehen beide aus einem Willen, der sich gewaltsam, sei es mittelbar oder unmittelbar zu äußern sucht. Dies zu wissen ist nötig, um menschliche Gewalt als Gewalt des Menschen in ihrem sittlichen Wert oder Unwert erfassen zu können. Denn sowenig mit Sicherheit erklärt werden kann, wo unmittelbare Gewalt beginnt und wo sie endet, ob Kraft in ihrer Umsetzung noch mittelbare oder schon unmittelbare und damit absolute Gewalt ist, ist auch aus ihrem destruierenden Charakter nicht zu erschließen, ob sie positive oder negative Gewalt ist. Weil wir Gewalt eine Kraft nennen, die einem Widerstand ausgesetzt ist und diesen auszuschalten trachtet, ist Gewalt für den Menschen der Gegenbegriff zur Freiheit. Eben als ein solcher Gegensatz wird sie zumeist als Zwang verstanden und als ein Negatives gefaßt, ist doch seit Kant Freiheit als Sinn und Ziel allen menschlichen Daseins gesehen. Doch kann nicht bestritten werden, daß jede Gewalt, die in einem Willen ihren Grund hat, auch Ausdruck von Freiheit ist. Gewalt ist *Freiheit als Negation von Freiheit*.

Wenn das Wesen der Gewalt, Negation von Freiheit zu sein, diese nicht sittlich ausnahmslos negativ bestimmt sein läßt, so muß Freiheit als der Boden betrachtet werden, auf dem eine sittliche Qualifizierung der Gewalt möglich ist. Selbst Kants Betonung des guten Willens als des Prinzips, das ohne Einschränkung gut genannt werden könne, disqualifiziert Gewalt nicht vorbehaltlos. Unter bestimmten Bedingungen ist Gewalt als sittlich förderlich anzuerkennen. Eine solche Bedingung ist gegeben, wo Gewalt, sich selbst destruierend, eine *Ordnung und Gemeinschaft konstituierende Bedeutung* gewinnt. Für Kant heißt dies: Der „gute Wille" vermag die Gewalt so in Besitz zu nehmen, daß sie Anteil gewinnt am Guten.

Der kategorische Imperativ verbietet zwar, den anderen als *bloßes* Mittel zu betrachten – und Gewalt als Destruktion entpersönlicht –, doch darf ein guter Wille nicht bloß die subjektive Sicht eines einzelnen widerspiegeln, sondern muß diese auf ein gemeinschaftliches Prinzip hin überschreiten. Der Mensch als Vernunftwesen ist Gemeinschaftswesen, Glied, wie Kant es nennt, des *mundus in-*

telligibilis, eines Reichs der Zwecke. Zu Recht erachtet er es als eine *Perversion*, die subjektive Perspektive über das Gemeinschaftliche zu stellen und so die Ordnung in sich umzukehren und sich selbst zur deren Grund machen zu wollen. Die sittliche „Ordnung" – und Ordnung hat immer als Ausdruck gemeinschaftlichen Handelns einen Forderungscharakter – in Ansehung einer freien Willkür umzukehren, ist die „*Verkehrtheit* [...] des menschlichen Herzens"[39]. Der Sinn von Ordnung ist es, Gemeinschaft mit dem anderen, dem Du und auch dem Wir, die Zugehörigkeit des einzelnen zu einem ihm übergeordneten Zusammenhang zu ermöglichen. Die Herstellung und Erhaltung eines gesellschaftlichen Seins des Menschen ist jedoch keine Selbstverständlichkeit, weil die Entstehung von Ordnung weder durch eine natürliche Veranlagung, auch wenn der Mensch als *zoon plitikon* gesehen wird, noch entwicklungsmäßig, wie beispielsweise bei Spencer und Mill gedacht, gesichert ist. Es klingt daher schlüssig, wenn Kant folgert, daß es kein „rechtlich bestehendes gemeines Wesen" gibt „ohne eine solche Gewalt, die allen [...] Widerstand niederschlägt".[40] Die Voraussetzung dieser Folgerung ist, daß er in der Gewalt selbst die Möglichkeit ihrer Verhinderung sieht und sie als eine Gemeinschaft ermöglichende Kraft betrachtet. Für Walter Benjamin, der die Aufgabe einer Kritik der Gewalt in der Darstellung von deren Verhältnis zu Recht und Gerechtigkeit erblickt, wird „eine wie immer wirksame Ursache" erst „im prägnanten Sinne" zur Gewalt, „wenn sie in sittliche Verhältnisse eingreift"[41]. Die Sphäre dieser Verhältnisse wird, wie Benjamin betont, durch die Begriffe Recht und Gerechtigkeit bezeichnet, so daß Gewalt eine Verkehrung gerade dieser Begriffe ist. „Auch in gerechter Sache ist Gewalt", schreibt Schiller in seinem *Wilhelm Tell* und setzt fort, „Gott hilft nur dann, wenn Menschen nicht mehr helfen".[42]

Gewalt als Ausdruck und Ermöglichung von Freiheit gestattet es nicht, sie als bloßes physisches Geschehen oder sie als einen diesem analogen sprachlichen Vorgang zu betrachten. Was beide, die psychische wie die physische Gewalt eint, ist nicht, daß die eine Androhung der anderen und physische Gewalt gewissermaßen die Umsetzung und Ausführung der psychischen ist, gibt es doch auch Formen der Gewalt, beispielsweise den Psychoterror, in denen die physische Gewalt nicht präsent ist. Geeint sind alle Formen von menschlicher Gewalt, ob sie sich unmittelbar physisch vollziehen oder mittelbar uber die Sprache durch den einen sie hervorbringenden *Willen*. Es ist der *Wille* zur Gewaltanwendung, der alle menschliche Gewalt produziert. Durch ihn wird die Kraft destruktiv, unabhängig davon, ob sie als psychisch, soziale oder ökonomische sich äußert.

Wir sind in der Aburteilung der Gewalt zu rasch und zu oberflächlich, sofern wir sie mit dem Bösen gleichsetzen. Das Böse ist geistig, es ist die Verkehrtheit des Willens. In „gewissem Betracht das reinste Geistige, denn es führt den heftigsten Krieg", ja das Böse möchte, können wir mit Schelling sagen, die Freiheit aufheben.[43] Gewalt für sich selbst ist nicht das Böse, selbst dann nicht, wenn wir Gewalt als Beschränkung von Freiheit verstehen. Sie ist es sowenig, wie der Irrtum ein Mangel an Wahrheit ist. Irrtum ist „verkehrter Geist" und kann daher höchst geistreich und doch Irrtum sein. Gewalt als Einschränkung und Beschränkung von Freiheit ist nicht Mangel an Zartgefühl, sondern verkehrte Freiheit. Da nun Gewalt verkehrte Freiheit ist, vermag sie dem Bösen zu dienen, und dieses findet in der Gewalt seine Entsprechung, da das Böse die Aufhebung der Freiheit in ihrem Grunde sucht.

Eine Deutung der Gewalt darf eben nicht übersehen, daß menschliche Gewalt ihrem Ursprung nach nicht Ausdruck eines natürlichen Triebes als Folge aktionsspezifischer Erregungsenergie ist. Beachtet man dies nicht, so kommt man in erhebliche Schwierigkeiten, die Möglichkeit einer Verhinderung von Gewalt und erst recht die von Krieg denken zu können. In dem schon zitierten Brief Sigmund Freuds an Albert Einstein hält Freud fest, daß „Interessenkonflikte unter den Menschen [...] prinzipiell durch die Anwendung von Gewalt" entschieden werden. Zur Begründung dieser Aussage wird darauf verwiesen, daß es im ganzen Tierreich so sei und der Mensch keinen Grund habe, sich von diesem auszuschließen. Wenngleich, wie Freud hinzufügt, „für den Menschen [...] allerdings noch Meinungskonflikte hinzu" kommen, die eine andere „Technik" der Entscheidungsfindung zu fordern scheinen.[44] Es kann keine Frage sein, daß die stärkere Muskelkraft von Anbeginn der Existenz des Menschen bestimmend für die Entscheidung war, „wem etwas gehören oder wessen Wille zur Ausführung gebracht werden sollte". Doch ob das Hinzukommen von Meinungskonflikten nur eine „spätere Komplikation" darstellt, die es „anfänglich in kleinen Menschenhorden" noch nicht gab, oder ob beim Menschen die biologische Eindeutigkeit und damit Gewalt als bloß physisches Geschehen grundsätzlich aufgehoben ist, ist der entscheidende Punkt im Gewaltverständnis. Es ist nicht nötig zu leugnen, daß der Mensch denselben physiologischen Gesetzmäßigkeiten wie andere Lebewesen unterliegt, um den Ursprung menschlicher Gewalt im menschlichen Willen zu sehen und Gewalt erst als eine Folge der Freiheit des Menschen zu betrachten. Es überrascht nicht, daß eine ausschließlich biologisch-physische Deutung der Gewalt sich dieser gegenüber als hilflos erweist und befürchtet, daß eine befriedete Menschheit nicht die Möglichkeit hätte, ihre Aggressionen auszuleben, diese vielmehr in der Gefahr stünde, durch eine bis zu den „höchsten Höhen der Abstraktion"[45] getriebene Reflexion im Prozeß der Kulturentwicklung das Erlöschen der menschlichen Art überhaupt herbeizuführen.

Wenn wir heutzutage Freiheit in erster Linie als Aufhebung von Zwang bestimmen, dürfen wir nicht vergessen, daß Freiheit inhaltlich nicht faßbar ist, und ihre Abhebung von Zwang sie nur negativ bestimmt sein läßt. Freies Handeln und Freiwilligkeit hat zwar für sich selbst das Fehlen von Zwang zur Voraussetzung, schließt aber den Einsatz von Gewalt als etwas, das der Freiheit zuwider ist, nicht von vornherein aus. Gewalt a priori als das sittlich Negative zu verstehen, zeigt sich daher problematisch. Zum anderen haftet jedem Imperativ, mag er noch so moralisch und emanzipatorisch sein, aufgrund seines Sollenscharakters das Moment des Zwanges und der Unfreiheit an.

Als Wille trifft Gewalt den Menschen immer als Ganzes in seiner leiblichen und seelischen Verfaßtheit. Ihre Einwirkung, sei sie über den Körper oder über die Sprache, mag unterschiedlich sein, die Auswirkungen sind dieselben. Selbst ökonomische Gewalt ist psychisch-physische Gewalt, denn die Zurückhaltung von Nahrungsmitteln verwehrt nicht nur die Befriedigung physischer Bedürfnisse. Wie die Steinschleuder, Pfeil und Bogen, das Gewehr, selbst nukleare Waffen Mittel zur Erhöhung von physischer Gewalt sind, ist für die psychische Gewalt Sprache das Medium der drohenden Einwirkung. Die Instrumente der physischen Gewalt vergrößern deren Reichweite. Die Sprache steht dieser in ihrer Intensität keineswegs nach. Die Verwendung von etwas als Mittel und Instrument ist immer Ausdruck des Willens.

III. Der Kampf

Menschliches Leben bewegt sich in einem Raum unterschiedlicher und divergierender Kräfte, aus dem es sich niemals entfernen und den es nirgends überschreiten kann. Jede menschliche Tätigkeit ist Ausübung von Kraft gegenüber der Natur, gegenüber Dingen oder in der Auseinandersetzung mit anderen Menschen.

Wie Kräfte grundsätzlich nur wirken können, wo es Gegenkräfte gibt, so ist auch das menschliche Handeln ein Gegenhandeln selbst wo es sich als ein Miteinanderhandeln zeigt, ist es ebenso ein Gegeneinanderhandeln. *Gegeneinander zu handeln* ist nicht eine bestimmte Weise, politisch zu handeln, sondern es ist ein Moment jeder Handlung und von dieser nicht wegzudenken. Nur der Verzicht, überhaupt zu handeln, schaltet auch das Gegeneinanderhandeln aus. Für das öffentliche wie das private Verhalten würde diese Form des Sich-Heraushaltens bedingungslose Unterwerfung bedeuten.

Die Unterscheidung zwischen Miteinander- und Gegeneinanderhandeln ist nicht identisch mit der zwischen Tätigsein und Leiden. Im Bezug von Menschen zueinander ist nicht vorweg von der Natur her festgelegt, wie im Prozeß des Erwärmens des Steines durch die Sonne, welche Kraft die tätige und welche die leidende ist.

Handeln ist motiviert, bewegt von einem Zweck, auf das hin es seine Verwirklichung sucht. Durch die Zwecksetzung, das „Worumwillen", bestimmt sich das Miteinander wie das Gegeneinander der Handelnden. So ist das *Gegeneinander* nicht etwas, das von außen in die Beziehung zwischen die Handelnden hineinkommt. Gerade die Besonderheit einer jeden Zweckvorstellung, über die es zur Verständigung kommen mag, die aber auch Anlaß zum Streit sein kann, verlangt nach einer Offenheit der Beziehung, die, weil sie ein Miteinander und ein Gegeneinander ist, beides ermöglicht. Wer der Tätige und wer der Leidende ist, ergibt sich erst daraus, wer das Tätigsein des anderen zuläßt.

Wenn nun auch menschliches Tätigsein ein Miteinander- wie ein Gegeneinanderhandeln ist, heißt dies nicht, daß beide einfach alter-

nativ zueinander stehen. Miteinander zu handeln bedeutet Übereinstimmung hinsichtlich der Durchführung und Zwecksetzung. Das
Gegeneinanderhandeln entbehrt eines solchen Konsenses und ist
doch eine Form des Miteinanderhandelns. Es gehören zum *Streit*
immer zwei. Gegeneinander handeln drückt ja nicht eine Beziehungs-
losigkeit aus, vielmehr eine Differenz in der Übereinstimmung. Ebenso
kann nur einen Konsens finden, wer zueinander im Verhältnis des
Gegeneinander steht. Nur voneinander Unterschiedenes kann *miteinander* verbunden werden. Wie das *Miteinanderhandeln* die Bedingung der Möglichkeit des *Gegeneinanderhandelns* ist, ist das
Gegeneinanderhandeln die Bedingung dafür, miteinander handeln
zu können.

1. Zwietracht und Eros

Menschen grenzen aneinander, unterscheiden sich und scheiden sich
voneinander. Die Unterschiedenheit reicht als Prinzip der Entzweiung von der Verschiedenheit der Geschlechter als Frau und Mann
bis zur Gegenstellung von Freund und Feind im Kampf auf Leben
und Tod. Somit ist die Unterschiedenheit von Mensch zu Mensch
eine Macht, die in allen menschlichen Bezügen als die Kraft der
Auseinandersetzung wirkt. In der Auseinandersetzung vermag sich
die Unterschiedenheit in ihrer *Zwieträchtigkeit* zum Streit zu ver-
härten und bis zur kriegerischen Auseinandersetzung zu steigern.
Sie vermag aber auch die Seite ihrer Eintracht herauszubilden und
als diese in deren höchster Form, dem *eros* Wirklichkeit zu erlangen.
   Nicht alleine die Unterschiedenheit zwischen Frau und Mann,
sondern die von Mensch zu Mensch, ist ein Existential des Daseins
und bestimmt das Wesen des Menschen, so daß der *Streit*, übrigens
ebenso wenig wie der *eros*, nicht bloß als eine individuelle Seelenlage
zu begreifen ist. Der Streit zwischen Menschen ist diesen nichts We-
sensfremdes. Dem Mann und der Frau sind im gegenseitigen Bezug
Streit und Liebe nicht zufällig. Sie sind nicht zuerst jeder und jede für
sich, die dann streitend oder liebend zueinander in Beziehung treten.
Dieses Gegeneinander und Miteinander ist ihnen ursprünglich. Wenn
Empedokles die Bewegtheit des Seienden regiert sein läßt durch *philia*
und *neikos*, so deswegen, weil er alles am Streit von Himmel und

Erde teilnehmen sieht und dieser Streit ihm als solcher *Liebe* ist. Die Zwietracht von Himmel und Erde ist ihm die Eintracht der Welt. Von Hölderlin stammt das Wort: „Wie der Zwist der Liebenden sind die Dissonanzen der Welt [...]"[46]. Auch Homer meinte von der Zwietracht, daß sie den Streitenden gemeinsam ist, und beschreibt die *eris* als „unermüdlich drängend", wie sie die Mitte bildet zwischen dem von Ares geführten Heer der Trojer und dem durch Athene geleiteten der Griechen:[47] Erst erhob sie, so erzählt Homer, sich nur niedrig, „aber dann stemmte sie das Haupt gegen den Himmel und schritt doch auf der Erde".[48] Die *eris* ist hier gesehen als eine *Urmacht*, die in ihrer Leidenschaftlichkeit den Himmel zu erreichen und die Welt zu erfüllen vermag, und wo sie sich steigert, den *Krieg* unter die Völker und Heere wirft. Homer faßt so die Zwietracht als eine *Leidenschaft*, die wie seitens der Eintracht der *eros*, in Besitz nimmt und dort, wo ihr Geist in die Menschen hineinfährt, diese zu Handlungen sich hinreißen läßt, die sie im gewissermaßen nüchternen Zustand sich nicht erklären und nicht begreifen können. Als eine Erfahrung unserer Zeit beschreibt dies Ernst Jünger so:

> *Der Kämpfer, dem während des Anlaufs ein blutiger Schleier vor den Augen wallte, will nicht gefangennehmen; er will töten. Er hat jedes Ziel aus den Augen verloren und steht im Banne gewaltiger Urtriebe. Erst wenn Blut geflossen ist weichen die Nebel aus seinem Hirn; er sieht sich um, wie aus schwerem Traum erwachend. Erst dann ist er wieder bewußter Soldat und zur Lösung einer neuen taktischen Aufgabe bereit.*[49]

Wir halten fest: *Zwietracht* wie *eros* versetzen den Menschen in eine Leidenschaft, *pathos*, die dieser als einen Zustand erlebt, in dem er die Verschiedenheit und die Unterschiedenheit in jeweils anderer Weise aufzuheben trachtet. Von den Griechen noch als von göttlichem Ursprung verstanden, verfehlen diese Mächte auch auf den heutigen Menschen ihre Wirkung nicht. Wir wissen zwar, daß wir trotz aller ihrer Übermacht ihnen nicht willenlos ausgeliefert sind, doch Zwietracht und *eros* ergreifen nicht nur die Sinne, sondern den „ganzen" Menschen. Wir finden unser Denken unter ihrem Einfluß verwandelt. So sehr sie zu überwältigen vermögen, schalten sie, anders als Affekte, die dem Wesen unseres Menschseins gegebene Möglichkeit der Freiheit nicht aus. Wir können weder hinsichtlich des *eros* noch der Zwietracht das vollkommene Verfallensein an sie denken oder erfahren, ohne sie in der Möglichkeit der Freiheit zu reflektieren. Im Unterschied zum Affekt, den Kant mit einem „Wasser, was den Damm durchbricht" vergleicht, beschreibt er die Leidenschaft als einen „Strom, der sich in seinem Bette immer tiefer eingräbt", und sagt von ihr, daß sie ungleich dem Rausch des Affekts „überlegend" ist, „so heftig sie auch sein mag, um ihren Zweck zu erreichen".[50] Selbst Kant, der die Leidenschaft einen „Wahnsinn" nennt, spricht ihr deswegen das Moment des Bedenkens und Bedachtnehmens nicht ab. Welche Leidenschaft immer einen beherrschen möge, erfahrbar wird sie im Wissen um eine freie Selbsttätigkeit, die, mit Kant gesprochen, „alle meine Vorstellungen begleiten können" muß.[51] Dieses „muß [...] begleiten können" gilt für die Hingerissenheit in der Leidenschaft des Kampfes wie des *eros*, in der ich faktisch gar nicht mehr begleitet werden kann. Diese grundsätzliche Bewußtheit und Reflektiertheit unterliegt nicht den Mächten, die uns in ihren Bann schlagen, denn in der Leidenschaft wird anders als im Affekt „alles faktische Außer-sich-Sein des Menschen an seinem möglichen Bei-sich-Sein", der Freiheit gemessen. So muß der Mensch auch das *Ergriffensein* durch die Leidenschaft sich selbst zurechnen und nicht der Macht, „die die Leidenschaft in sich selbst hat und ist".[52] Doch gerade dieses Ergriffensein macht die Politik und ihre Propaganda sich zunutze, setzt bei diesem ein, indem sie die Leidenschaften mobilisiert und den *politischen* Gegner zum Feind erklärt.

Sicher nur bedingt hat Kant Recht mit der Bemerkung: „Leidenschaft [...] wünscht sich kein Mensch. Denn wer will sich in Ketten legen lassen, wenn er frei sein kann?"[53] Sowohl Eintracht wie Zwietracht leben von der Faszination durch Leidenschaft, wo sie in der Überhöhung zum einen Mal als *eros*, zum anderen als Streit sich in je eigener Weise zu verwirklichen suchen. Anders als Kant betont schon Platon, daß es zu kurz gegriffen wäre, in dem „Wahnsinn", den die Leidenschaft in sich trägt, schlechthin ein Übel zu sehen, denn der Wahnsinn bewirkt „in besonderen und öffentlichen Angelegenheiten" viel Gutes, wo der Verstand nur „Kümmerliches oder gar nichts" erreicht.[54]

Platon unterscheidet daher den Wahnsinn, den er als Folge einer Krankheit sieht, von dem anderen, der „aus göttlicher Aufhebung des gewöhnlichen ordentlichen Zustandes" hervorgeht.[55] Diesem letzteren rechnet er den *eros* zu, das Streben nach Überwindung der Getrenntheit und ewige Sehnsucht – im Sinne der Rede des Aristophanes im *Symposion* – nach jener anderen Hälfte, im Zusammenschluß mit der der Mensch, für sich nur Bruchstück, *symbolon,* sich erst in seiner Ganzheit erfahren kann.

Sofern die Liebe Eintracht sucht, steht zwar der Streit im Gegensatz zu dieser, es wäre aber falsch, diesen kurzerhand als die Ursache von Fremdenhaß, Zerstörung, Krieg, etc. diffamieren zu wollen. Denn, indem der Streit die Getrenntheit über die Aufhebung der Unterschiedenheit stellt, ermöglicht er erst Eintracht und *eros* als die Verbindung des für sich unterschiedenen Selbständigen. Es gilt jedoch auch, daß *Streit* die Zwietracht entstehen läßt. Deswegen wird von Homer Eris als Schwester und Gefährtin des Kriegsgottes Ares vorgestellt, säht sie doch die Zwietracht, und erst das Feuer ihrer Leidenschaft läßt die Menschen Kriege führen. Da weder *Streit* noch *eros* Zustände sind, sie vielmehr solche bewirken, nämlich die jeweiligen Leidenschaften, ist es beiden not zu *kämpfen,* um in jeweils anderer Weise die Unterschiedenheit und Verschiedenheit zu überwinden.

Eine Eskalation der Gegensätzlichkeit des unter sich Geschiedenen läßt sich nicht ausschließen, und es gilt den Kampf, und in letzter Konsequenz auch den Krieg, in der Übersteigerung der Zwietracht als *Möglichkeit* zu denken. Dies zu wissen, ist Einsicht in die Unvermeidlichkeit der Differenz und damit des *Streites,* aber nicht Behauptung der *Unvermeidlichkeit* des Krieges.

Im Abschnitt „Herrschaft und Knechtschaft" seiner *Phänomenologie des Geistes* hat Hegel die Zwietracht in ihrer ontologischen Bedeutung für das menschliche Selbstbewußtsein dargestellt. Das Gegenverhältnis der Handelnden, Hegel spricht vom Gegensatz zweier Selbstbewußtsein, beschreibt er als einen *Kampf,* nämlich als den der Selbstbehauptung, in dem es um die Herstellung der Einheit dieser einander entgegengesetzten Gestalten geht. Sowohl seiner Möglichkeit als auch seiner Tatsächlichkeit nach ist dies ein Kampf ums Leben gegen den Tod: „Das Verhältnis beider Selbstbewußtsein ist also so bestimmt, daß sie sich selbst und einander durch den Kampf auf Leben und Tod bewähren."[56] Doch der Sieg des einen Kämpfenden ist nicht das Ende der Zwietracht oder gar Friede, denn obgleich der Sieger Herr wird, bleibt er es nicht. Sein Sieg macht seine Abhängigkeit als eine Abhängigkeit vom Knecht erst offenbar. Kein Kampf bringt die *Lösung,* auch wenn jeder geführt werden muß, weil die Grenze, die Unterschiedenheit nicht aufhebbar ist, und je deutlicher sie hervortritt, desto deutlicher zeigt sie den Sieger in seiner Angewiesenheit auf den Besiegten und offenbart die Begrenztheit und die Unfreiheit des Herren.

Es mag das wesenhafte Unglück des Menschen sein, nur in Unterscheidungen, das Leben nur in sich unterschiedenen Kräften denken zu können. Kraft ist nicht ein Vorkommnis im Leben, sondern die Verfassung des Lebens selbst. Hegels Unterscheidung zwischen Herr und Knecht ist hierbei nur ein mögliches Beispiel. In ihrem gegensätzlichen Verhalten zeigt sich die Zerrissenheit des Menschen. Einmal sucht der Mensch das Leben zu fliehen, indem er es negiert: Der Herr will nur für sich sein. Das andere Mal hält er sich als Knecht an das Leben und wird durch dieses gefesselt. Beide, Herr und Knecht, entziehen sich einander auf je verschiedene Weise. Der Knecht wird zum Knecht, weil er das Leben der Freiheit vorgezogen hat. Er unterwirft sich aus Furcht vor dem *Tod* als dem HERRN, dem alles endliche Leben überhaupt untertan ist. Der Herr, der wiederum den anderen, sein Gegenüber fürchtet und diesen zu unterwerfen sucht, gewinnt das Leben nicht in seiner Freiheit, denn dieses ist ihm ohne ein gleichwertiges Gegenüber nur eine Abstraktion, die in sich selbst verglimmt. Wie Herr und Knecht im Grunde einander zugehören, so ist auch das Leben insgesamt in seiner Unterschiedlichkeit eins, denn nur in der Unterschiedenheit zeigt sich das Leben als individuelles und als konkrete Gemeinschaftlichkeit. In der Gegenstellung von Herr und Knecht sucht der Herr ausdrücklich sich in seiner Individualität gegen eine Gemeinschaft mit dem Knecht zu fassen. Er macht die Erfahrung, daß die Individualität sich in ihrer Faktizität nur als Grenze der Gemeinschaftlichkeit zeigt und in der Negation des anderen Freiheit nur als negative Freiheit, als Freiheit „wovon" erfahrbar ist und nicht als Freiheit „wozu" Raum gewinnt. Der Herr gewinnt für sich das Leben ebensowenig als Raum der Freiheit wie der Knecht. Die Suche einer Verhältnisbestimmung mag die Aufgabe eines Lebens in Freiheit sein. Dies schließt nicht aus, daß diese Suche ihrerseits Kampf ist gegen die Gewaltsamkeit der Unterscheidung zwischen Herr und Knecht. Denn ihrem Ursprung nach ist diese Suche der Akt einer naturhaften Gewalt.

Zwietracht erzeugt Angst. Wo die „Angst des Lebens" den Sieger nicht minder als den Besiegten „aus dem Zentrum" treibt,[57] bleibt nur die Flucht oder, sich dem Kampf zu stellen. Doch auch die Angst ändert nichts an der Erfahrung vom Leben als der Möglichkeit freier Selbsttätigkeit. Aus ihr erwächst die *Tapferkeit* des modernen Menschen, der, unbeschadet seiner Angst, alle Verantwortung selbst tragen will. Im *Symposion*, seinem Dialog über *Liebe*, verweist Platon auf ein Wort des Heraklit: Wir verstehen nicht, hatte dieser erklärt, „wie Auseinanderstrebendes mit sich selbst zusammen geht: gegenstrebige Vereinigung wie die des Bogens und der Leier"[58]. Was sich auseinander bewegt, gerät in Gegensatz und Zwietracht kommt – dieser Aussage gemäß – zur Eintracht und Übereinstimmung mit sich selbst. Die Beispiele, durch die dieser Satz erläutert wird, sind die von Leier und Bogen, sie gelangen durch eine gegenstrebige Spannung zu einer Einheit, in der das eine als Instrument des *eros*, das andere als eines des Streites dienlich ist. Sich nicht einer ausschließenden Gegensätzlichkeit mit wechselnder Abhängigkeit als Herr der Knecht hinzugeben, vielmehr die Not einer Gemeinsamkeit zwieträchtiger Kräfte zu erkennen und die Aufgabe zu ihrer Bündelung zu übernehmen, ließe sich als die Lehre aus Heraklits Satz denken. Die Sehne des Bogens und die Sehne der Leier nicht zu zerschneiden, sondern sie in Spannung zu halten besagt, nicht in einer Festschreibung des Verhältnisses Herr und Knecht, sondern in der Gegenseitigkeit der Anerkennung, eine Verhältnisbestimmung zu suchen. Zumindest im *eros* leuchtet eine solche Gemeinsamkeit momenthaft auf, sie allgemein und öffentlich zu leben hieße, dem Krieg keine Chance zu geben.

Sieh da entbrennen in feurigem Kampf die eifernden Kräfte,
Großes wirket ihr Streit, Größeres wirket ihr Bund.[59]

2. Der Raum menschlicher Kraft und Gewalt

Es mag kein Zufall gewesen sein, wenn das antike wie auch das neuzeitliche Denken in den Staatsgründern Heroen sah und den Staat selbst als göttliches Werk, Hobbes ihn sogar als „sterblichen Gott" pries. Die *Gemeinschaft*, sei sie nun als *polis* verstanden, sei sie als

Staat im neuzeitlichen Sinne gesehen, ist es, die dem Leben und seinen Kräften *öffentlich* Raum gibt, sich in einem freien „Wozu" darzustellen und so Individualität als das freie Zusammenspiel unterschiedlicher Kräfte ermöglicht. Der Staat, so gesehen, ist der Raum, dessen die in der Spannung von Individualität und Gemeinschaft existierende Freiheit zu ihrer Verwirklichung bedarf, aber er ist auch der Raum, in dem sich der Unterschied zwischen Herr und Knecht zu institutionalisieren vermag und durch den Kriege erst möglich werden.

Im Sich-Messen der Kräfte bildet sich der Staat als eine Gemeinschaft, innerhalb derer die einzelnen und die Gruppen, die ihr zugehören, ein abgestecktes Gebiet als Ort ihres Lebens erhalten. Gemeinschaftliches Zusammenleben, ob als Familie oder als Bürgerschaft, erfordert im modernen Staat andere zu überzeugen und deren Willensbildung zu bewirken, d.h. Kräfte zu mobilisieren, die dem Ziel gegenseitiger Anerkennung und gemeinschaftlichen Handelns dienen. Neben Liebe und Freundschaft sind Rede und Gewalt in der Geschichte als Kräfte aufgetreten, die von sich aus bewiesen haben, Gemeinschaftsbildung zu ermöglichen. Wir können ihnen, wenn auch in unterschiedlicher Weise, zutrauen, die Vielheit einander entgegenstrebender Kräfte zur Einheit eines Ganzen zusammenzuschließen. Liebe, die geradezu auf Gegensätzlichkeit beruht, und Freundschaft sind Kräfte, die *Individuen mit Individuen* verbinden, hingegen zeichnet es die Rede mit ihren Argumenten aus, ebenso wie die Gewalt *Gruppen* von Menschen, die einander *fremd* sind, von der Notwendigkeit gemeinschaftlichen Handelns überzeugen zu können.

Während im Falle von Liebe und Freundschaft die Überwindung der Gegensätzlichkeit schon im Miteinander ihren Sinn gewinnt, ist das *bonum commune,* das Gesamtwohl einer politischen Gruppe nicht notwendig durch eine ähnliche unmittelbare Beziehung gesetzt. Die politische Gemeinschaft ist zwar in jedem Falle der gemeinsame Raum, in dem alle, die ihm angehören, sich vereinen, doch innerhalb dieses Raumes suchen sie sich ihrer Gestaltungsfähigkeit nach unterschiedlich zu manifestieren: Dies geschieht vorerst, indem sie den Raum durch Unterscheidung in einen privaten und einen öffentlichen teilen. Privater und öffentlicher Raum liegen allerdings nicht nebeneinander, sondern ineinander; sie sind miteinander so verwoben, daß schon die Abgrenzung des privaten Raumes eine öffentliche, d.h. eine politische Handlung sein kann. Wenn ich hier an diesem Schreibtisch meinen Arbeitsplatz habe, mag es zwar meine private und persönliche Entscheidung sein, wann ich tatsächlich hier sitze und arbeite, der Platz selbst als mein Arbeitsplatz ist öffentlich anerkannt. Wo das Haus steht, in dem er sich befindet, kann nicht irgendein anderer ein anderes Haus nach seiner persönlichen Zwecksetzung bauen. Öffentliches und privates Leben sind aufeinander bezogen, weil, wie dieses Beispiel zeigt, die Räume ihrer Manifestation ineinander übergehen.

Die Freundschaft und in besonderer Weise die Liebe sind keineswegs öffentliche Handlungen. Gerade der *eros* findet seine Wirklichkeit in der Intimität der Beziehung, und nicht in der Zurschaustellung. Dies entzieht Freundschaft und Liebe zwar nicht dem Einfluß des öffentlichen Lebens, macht sie jedoch zu dessen Gestaltung nur bedingt tauglich. Sie bedürfen vielmehr zu ihrem Gedeihen eines von der Öffentlichkeit separierten, politisch zugestandenen Gebietes. Die Politik, die den öffentlichen Raum verwaltet und somit auch den privaten abgrenzt und garantiert, wirkt nicht durch Liebe, sondern muß sich andere Prinzipien der Herstellung und Verwaltung dieses Raumes schaffen. Die *Rede* ist zwar auch ein Medium des Privaten, gestaltet aber ebenso wie die Gewalt den öffentlichen Raum und die in ihm wirkenden *politischen* Kräfte.

Durch die Rede werden divergierende Lebensentwürfe zu einem Ganzen zusammengefügt. Ein solches *Ordnen* vollzieht sich – durchaus nicht anders als der *eros* – über den Kampf, wenn auch nicht notwendig in gewalttätiger Form. Das Medium des Kampfes muß nicht Gewalt sein, seit jeher ist es immer auch das Wort. Der Kampf fehlt keinesfalls, denn der Kampf ist der Weg, über den sich jede Herausbildung von Gemeinschaft ereignet. Selbst Liebende kämpfen nicht nur umeinander, sondern ringen auch darum, sich in der Gemeinschaft miteinander um des anderen willen in ihrer Selbständigkeit wie Zugehörigkeit zu gewinnen. Wie sich der Kampf auch vollziehen mag, jede gemeinschaftliche Formung setzt mit ihm ein. Liebende, die miteinander *umeinander* kämpfen, sind sich gegenseitig das Gute. Das *bonum commune* in der politischen Gemeinschaft, um dessentwillen gekämpft wird, sind beispielsweise *Freiheit*, *Gerechtigkeit*, *Friede* oder *Lebenssicherheit*. Die Schwierigkeit einer Bestimmung des Gesamtwohls liegt in der Vielzahl seiner Möglichkeiten, von denen keine zufällt, sondern jede erkämpft sein will, aber auch in deren mangelnder Konkretheit. Gilt doch für die Antizipation und Umsetzung eines solchen Zieles, daß es nur in der sprachlichen Darstellung seines Inhaltes aus der konkreten Situation heraus bestimmbar ist. Der politische Kampf tritt deshalb, zumeist in der Rede, in politisch unterschiedlicher Gestaltung auf: als Wahlkampf, aber auch als Streik oder Demonstration, als Arbeit, aber auch als Täuschung und Lüge.

Die antike Philosophie hatte mit der Bestimmung des Menschen als *zoon politikon* trotz ihrer Unterscheidung von Politik und Ethik von vornherein erkannt, daß der politische und der private Raum nicht grundsätzlich getrennt sind. Es war die liberale Staatstheorie, die zum Schutz der privaten Sphäre eine strenge Grenzziehung erstrebte und die Unterscheidung zwischen Familie, Gesellschaft, Staat durch die Definition des Staates wie der Gesellschaft nicht als Gemeinschaft, sondern als *Summe* unterschiedlicher einzelner zu begreifen gesucht. Dadurch verhalf sie der Freiheit und individuellen Selbstbestimmung zum Durchbruch.

Aristoteles' Satz vom politischen Gemeinschaftswesen Mensch besagt nicht, der Mensch lebe, jeder für sich, ähnlich wie Bienen und Ameisen in einem sozialen Verbande, sondern sieht die Lebensform des Menschen ausdrücklich als eine gemeinschaftliche an, in der und durch die der Mensch auch als einzelner erst zur Entfaltung seines Wesen gelangt: Die Polis ist „die Gemeinschaft von Häusern und von Geschlechtern mit dem Ziel des in sich vollendeten Lebens".[60]

Ins Auge stechend ist an dieser Bestimmung der Polis, daß sie nicht als eine sich summierende Vereinigung von einzelnen Menschen miteinander gesehen wird,[61] vielmehr als eine *Gemeinschaft* von Häusern und Geschlechtern, in der Gerechtigkeit das Maß des Umganges miteinander bildet. Mit der *Gesellschaft* ist zwischen den einzelnen und den Staat vor allem seit dem Mittelalter eine weitere Ebene getreten, die vermittelnd zwischen Familie, einzelnen und Staat die Freiheit in ihrer differenzierten Vielfalt ermöglicht und gegeneinander konkurrierenden Interessen Raum gibt. Die Funktion, die die Gesellschaft ausübt, kennt allerdings bereits Aristoteles, und zwar als einen Teil der den Familien zufallenden Aufgaben. Die Lehre von ihr bezeichnet er als *oikonomia*, Haushaltung, im Unterschied zu der Politik und der Ethik.

Wie Liebe, aber auch Freundschaft, keine staatsbildenden Prinzipien sind, so auch nicht die Kräfte der Haushaltung und der Wirtschaft. Für die ersteren ist es charakteristisch – und wir zählen zu ihnen ebenfalls die *fraternité*, heute am besten wiedergegeben mit Geschwisterlichkeit –, daß in ihnen die einzelnen Individuen einander in ihrer wechselseitigen Individualität nicht nur anerkennen, sondern erkennen, sie sich durch ihre individuelle Verschiedenheit hindurch miteinander identifizieren. Liebe, Freundschaft, Geschwisterlichkeit, sind nicht als philanthropische Gemütszustände der Rücksichtnahme und des Wohlwollens zu verstehen, sondern sie setzen den *leiblichen* Bezug des Miteinanders und Gegeneinanders ausdrücklich voraus. Gerade aber weil sie die Fremdheit der Andersheit konkret, das meint leiblich, aufarbeiten, kann durch sie nicht der Gesamtraum aller menschlichen Lebensbezüge abgedeckt werden. Ebensowenig leisten dies die Kräfte der Gesellschaft. Denn, soll Freiheit in ihren unterschiedlichsten Interessen zum Zuge kommen, dann ist sie es, die für die Auseinandersetzung dieser Kräfte den nötigen Raum zur Verfügung stellt. Die Gesellschaft ist nicht, wie der Staat es sein sollte, der Tugend der Gerechtigkeit verpflichtet, sondern sie sucht die Entscheidung dem Kampf als dem freien Spiel der Kräfte zu überlassen. Anders verhält es sich mit dem Staat. Seine Anerkennung, aber auch Ablehnung gilt nicht dem Individuum in seiner konkreten Individualität und auch nicht seinen besonderen Interessen. Er negiert diese hierbei keineswegs, läßt aber die in diesen sich ausdrückende Partikularität für sich stehen.

Die Verschiedenartigkeit von Familie, Gesellschaft und Staat besteht nicht darin, daß erstere Gewalt nicht kennt. In der Familie ist Gewalt eine Pervertierung, weil sie gerade jene Gemeinschaftsform ist, die auf Liebe und Zuneigung, und nicht auf Gewalt beruht. Der Gesellschaft hingegen ist Gewalt ein indirektes Mittel zur Durchsetzung ihrer Interessen. Sie hat Teil an der Gewalt wie der Staat, obgleich ihr die Organisation, Verwaltung und Anwendung von direkter Gewalt nicht zusteht.

Dem Staat fällt, verfügt er über das Monopol der Gewaltanwendung, im besonderen der physischen, die Aufgabe zu, den Kampf unterschiedlicher gesellschaftlicher Kräfte in rechtliche Bahnen zu zwingen und an Rechtsregeln zu binden, um dem Wohl des Staatsganzen, dem Wohl aller, gegenüber partikularen Bestrebungen den

Vorrang zu sichern. Die Gesellschaft ist nicht in derselben Weise in die Pflicht genommen wie der Staat, denn die Umsetzung eines *bonum commune* und somit auch der Gerechtigkeit ist nicht das Interesse, aus dem heraus sie besteht. Ganz im Gegenteil, sie stellt ja den Boden bereit, auf dem unterschiedliche Kräfte miteinander im Kampf stehen. Da der Zweck des Staates die Erhaltung und Beförderung der Freiheit aller ist, so war der Idee nach für den antiken Staat die *Gerechtigkeit* die Tugend der Freiheit. Für den modernen ist der Mensch als Mensch frei, und im Staat müssen die Interessen der einzelnen sich umsetzen können. Weil der einzelne nicht nur *formaliter*, sondern auch *in concreto* frei ist, hat die Idee einer *selbstverständlichen* Entsprechung von Freiheit und Gerechtigkeit ihre Bedeutung verloren. Der Wunsch eines jeden einzelnen, ein „in sich vollendetes Leben" zu führen, zwingt den Staat nunmehr, Gerechtigkeit als Ausdruck von Freiheit in all seinem politischen Handeln zu legitimieren. Der einzelne steht dem Staat nicht mehr mittels Familien, der „Gemeinschaft von Häusern und Geschlechtern" gegenüber, sondern unmittelbar als der Zusammenschluß einzelner, womit innerhalb des Staates eine neue Ebene der Auseinandersetzung unterschiedlicher Kräfte entstanden ist. Die Gesellschaft öffnet der Verwirklichung von Freiheit eine neue Dimension und gibt neben der menschlichen Kraft auch der menschlichen Gewalt einen Raum.

Die Entwicklung des alten zum modernen Staat, der *polis*, der Demokratie der Antike zur modernen Massendemokratie über den Prozeß der Emanzipation der Gesellschaft vom Staat bedurfte der Zeit. Das aristotelische Modell der Hauswirtschaft und des in dessen Bedürfnissen verankerten Tauschverkehrs stand bis weit in das 17. Jahrhundert hinein in Geltung.[62] Erst die modernen Produktionsmittel, die für ihren Einsatz einen autonomen Wirtschaftskreislauf und freie Märkte forderten, verhalfen den individuellen Freiheitskräften, die Aristoteles bereits im *nomos* der *polis* verwirklicht glaubte, politisch und rechtlich zum Durchbruch. „Im Staat des Aristoteles kommt der Mensch nur im Dienst des Gemeinwesens, als *Bürger*, zu seinem Recht; der Bürger ist die Höchstform des Menschen, der Mensch im Bürger (und neben dem Bürger) noch gar nicht entdeckt."[63] Freiheit ist heute zu einer Kraft geworden, die über die Grenzen der politischen Herrschaftssysteme hinweg das Recht fordert, sich auf dem ganzen Erdball uneingeschränkt auszudehnen. Ciceros

Traum einer Gesetzgebung, für die alle Menschen gleich und zu gegenseitiger Anerkennung aufgerufen sind,[64] entwickelte sich letztlich zu der Utopie einer solidarischen Menschheit, die uneingelöst blieb, in der aber die Durchsetzungsfähigkeit der Kräfte der modernen Weltwirtschaft eine reale Erfahrung wurden. Angesichts gerade der Gewaltsamkeit dieser Kräfte stellt sich heute von neuem die Frage, wie zur Wahrung der Freiheit des Menschen eine gerechte Gesellschaft und Staatsordnung, genaugenommen eine gerechte Welt, möglich sein soll.

3. Der Kampf, der Vater

Kämpfen heißt immer, eine Gegenkraft auszuschalten suchen. Die Sonne, die den Stein erwärmt, kämpft nicht, sie findet im Stein jene Gegenkraft, derer sie bedarf, um ihr Tätigsein umsetzen zu können. Auch vom Töpfer behaupten wir nicht, daß er den Ton bekämpft. In Beziehungsgeflechten von Sonne und Stein, Töpfer und Ton unterscheiden wir zwar zwischen leidender und tätiger Kraft, fassen aber das Gegenspiel der Kräfte in aufeinander bezogenen Möglichkeiten gegenseitigen Einwirkens. Suchen Pflanzen einander zu verdrängen, so sehen wir sie miteinander im Kampf, ebenso beurteilen wir gewalttätige Auseinandersetzungen zwischen Tieren. Dies ist dem formalen Begriff nach richtig. Kampf im allgemeinsten Sinne ist jene Form der Einwirkung, durch die festgelegt wird, welcher der gegensätzlichen Kräfte das Tätigsein und welcher das Leiden zufällt. Kämpfe ich bei einer Bergtour gegen Sturm und Regen an, ist nicht vorweg entschieden, ob es gelingt, den Kräften des Windes und des Regens Herr zu werden. Der Sturm, dem ich standhalte, leidet zwar nicht an mir, dem Bergsteiger, doch widerstehe ich ihm in seiner Gewalt, und seine Kraft wird, soweit es mich betrifft, an mir gebrochen. Im Kampf messen sich Kräfte untereinander, und sie erweisen sich als stark gegeneinander, indem sie sich gegenseitig zu überwinden suchen.

Das Wort *Kampf*, das von dem lateinischen *campus* abgeleitet wird, umschreibt gemeinhin eine streitbare Auseinandersetzung. Als stark erweist sich in ihr, wer es versteht, anderes oder andere zurückzudrängen. Er besitzt die Kraft, Gegenkräfte zu beherrschen. Der Kampf ist der Vorgang oder auch die Handlung, sich als stark genug zu zeigen, etwas in Besitz zu bringen und darüber verfügen zu können. Neben diesem vordergründigen Verständnis von Kampf als Kräftemessen wird in ihm das Prinzip des Lebens gesehen, und er wird vom Logos, der das Gesetz des Werdens darstellt, als umgriffen gedacht. Der Logos schafft durch den Kampf, denn sein Wesen ist Veränderung. Die Bewegtheit alles Seienden sucht Heraklit, dieser „dunkle Denker" des Altertums, aus der hervorbringenden und bewegenden Kraft des Logos zu begreifen, und die Darstellung dieses Logos und dieses göttlichen Gesetzes ewiger Veränderung ist ihm der Kampf. Er ist es, der den ständigen Wandel in der Welt bewirkt: „Kampf ist aller Dinge Vater, aller Dinge König. Die einen erweist er als Götter, die anderen als Menschen, die einen macht er zu Sklaven, die anderen zu Freien."[65]

Anders als mit dem Begriff des Werdens, der wie der des Kampfes einen Übergang von einem Nochnichtseienden zu einem Seienden markiert, verbinden wir, und nicht nur Heraklit, mit letzterem eine besondere *Willensanstrengung*. Beim Menschen wissen wir um sie, den Pflanzen und Tieren sprechen wir sie zu, weil wir das Leben insgesamt als Wille zum Leben verstehen. Dieser Willensanstrengung eignet etwas Bedrohliches, durch sie werden, nicht wie beim bloßen Werden, nur Kräfte freigesetzt, etwas in seine Existenz gebracht, sondern zugleich etwas anderes destruiert, vernichtet. Auch Kämpfen ist Werden und hat wie alles Werden seinen Grund in der Kraft, die aus sich herauszutreten, sich zu zeigen sucht, aber, insofern sie destruiert, *Gewalt* ist. Der Kampf – dies gilt auch für den körperlichen – ist, weil er aus einer Anstrengung des Willens resultiert, etwas Logoshaftes, Geistiges.

In den erhaltenen Fragmenten Heraklits heißt es, daß die Götter wie die Menschen, die Freien und die Sklaven durch Kampf zu dem gemacht wurden, was sie sind. Doch sie werden nicht bleiben, was sie sind, denn „Gott ist Tag Nacht, Winter Sommer, Krieg Frieden, Sattheit Hunger. Er wandelt sich aber gerade wie das Feuer [...]"[66]. Dies will besagen: Im Kampf vollzieht sich der Logos der Weltordnung, der stete Veränderung ist, so daß er „sich wandelnd ruht"[67]. Dem Logos dieser Ordnung, für die, weil sie im ewigen Wechsel besteht, der Kampf der Vater aller Dinge ist, ist der Kampf deswegen nicht notwendigerweise Krieg und schon gar nicht Krieg im modernen Sinn dieses Begriffes. Das altgriechische Wort polemos steht wie das deutsche Lehnwort Kampf für Streit, Zwietracht. Wenn es bei Heraklit heißt, „man soll aber wissen, daß der Kampf allgemein ist [...] und daß alles geschieht aufgrund von Zwist und Schuldigkeit"[68], so meint dies die Gegensätzlichkeit als Zwietracht. Heraklits Aussage spricht weder vom Kampf noch vom Krieg als militärischen Vorgang, sie macht aufmerksam, daß erst im Gegensatz die Einheit hervortritt, die das Gegensätzliche zusammenhält. Der Krieg ist eine besondere Form des Kampfes, ebenso wie der Frieden und auch das Recht und der *eros* dies sind, denn wo der kriegerische Streit aufgehoben ist, enden diese Formen des Kampfes deswegen nicht.

Sich im Streit zu behaupten erfordert immer, sich selbst zum Einsatz zu bringen, denn, wie Brecht es ausgedrückt hat, „wer den Kampf nicht geteilt hat, der wird teilen die Niederlage".[69] Ziel des Kampfes ist die Anerkennung durch Selbstbehauptung. Für Heraklit war der Krieg noch nicht wie für Oswald Spengler „die Urpolitik alles Lebendigen", selbst wenn er durchaus der Überzeugung gewesen sein mag, „daß Kampf und Leben in der Tiefe eins sind", so doch gerade nicht, daß „mit dem Kämpfenwollen auch das Sein erlischt."[70] Eingebettet in den Logos des Werdens kann der Kampf für Heraklit nicht seinen Sinn aus sich selbst gewinnen. Für ihn weist der Kampf immer über sich hinaus, wenngleich der Horizont, von dem her er zu verstehen ist, bei Heraklit, nicht als ewiges sich gleichbleibendes Sein zu verstehen ist, sondern dem Menschen unverstanden bleibt.[71]

Für die griechische Philosophie, aber auch für Cicero, selbst für Machiavelli wird der Kampf nicht um seiner selbst willen geführt, sondern ist einem ihm vorgegebenen Ziel, der Notwendigkeit für das Gesetz und den Staat zu kämpfen, untergeordnet. Auch bei Machiavelli mußte der Fürst nicht aus Freude am Kampf kämpfen lernen, sondern um sein Leben in der Pflicht, in der er steht, leben zu können. Bei Hegel gewinnt der Kampf in Anlehnung an Heraklit noch einmal eine umfassendere Bedeutung. Er steht im Dienste des Geistes, des Sich-Bewußtwerdens im anderen. Kämpfen ist eine Notwendigkeit in der Entwicklung des Geistes zur Freiheit. Der Kampf ist das Element der Anerkennung auf dem Wege der Selbstvollendung des Geistes. Auf den einzelnen Stationen dieses Weges gewinnt der Kampf allerdings eine jeweils andere Bedeutung, je nachdem, inwiefern Gewalt, vor allem physische Gewalt, als bloßes Übergangsphänomen aufgehoben ist. In jedem Fall kann „nur durch Kampf [...]

die Freiheit erworben werden"[72]. Die gegenseitige Anerkennung ist für Hegel Kampf, denn im anderen kann ich mich nur wissen, sofern der andere ein unmittelbares Dasein für mich ist, und dieses Wissen ist kein einseitiger Vorgang, sondern erfordert auch auf meiner Seite die Aufgabe der Unmittelbarkeit des Daseins.

Um der Freiheit willen sieht Hegel selbst den Kampf auf Leben und Tod nicht umgehbar, denn „die Versicherung, frei zu sein, genügt dazu nicht; nur dadurch, daß der Mensch sich selber, wie andere, in die *Gefahr des Todes* bringt, beweist er auf diesem Standpunkt seine Fähigkeit zur Freiheit"[73]. Doch der Tod ist keine Lösung, denn durch den Tod entsteht nur der größere Widerspruch, „daß diejenigen, welche durch den Kampf ihre innere Freiheit bewiesen haben, dennoch zu keinem anerkannten Dasein ihrer Freiheit gelangt sind". Bleibt nämlich von den beiden um ihre gegenseitige Anerkennung Kämpfenden nur der eine übrig, „so kommt keine Anerkennung zustande, so existiert der Übriggebliebene ebensowenig wie der Tote als Anerkannter".[74] So ist auch für Hegel das Ziel nicht der Kampf um seiner selbst willen, sondern die Freiheit als Überwindung des Kampfes, wenn sie auch ohne ihn nicht erreichbar ist. Das Wesen des Kampfes bestimmt sich darin, sich aufzulösen: „Der Kampf, der sich auflöst, ist hier endlich das Ringen des Geistes, zu sich selbst, zur Freiheit zu kommen."[75]

Ganz im Sinne Kants schreibt Hegel, daß dort, wo wir den Naturzustand verlassen haben, die Berechtigung von „Gewalt" nur sein kann, „die Gesetze, die Verfassung, zur Existenz gebracht" zu haben und zu bringen. Im Staate, ist seine Meinung, haben der „Geist des Volkes, die Sitte, das Gesetz" zu herrschen und nicht die Gewalt.[76] Würde jedoch nicht auch im Staate um den Geist, die Sitten und das Gesetz gekämpft werden müssen, so wäre dieser für Hegel nicht ein geschichtlicher Staat, sondern der absolute. Er wäre nicht nur verwirklichte Freiheit, er wäre wirkliche Freiheit.

„Wo nicht Kampf ist, da ist nicht Leben", bestätigt Schelling in seiner Freiheitsschrift den seit Heraklit geltenden Grundsatz des abendländischen Denkens und beschreibt den Kampf als eine „aktivierte Selbstheit" des Lebens.[77] Einem Dasein, das durch Freiheit bestimmt wird, ist zu kämpfen nicht äußerlich, auch wenn es dem Kampf ausweichen kann und sich ihm nicht stellen muß. Da Freiheit Überwindung ist, kann sie sich im Kampf erweisen und durch ihn

Gestalt gewinnen. Ein Kampf muß aber nicht, und ist es primär auch nicht, ein Kampf mit anderen sein. Freiheit ist vorerst der Kampf mit sich selbst als der Versuch, sich selbst in seine Gewalt zu bringen. Kämpfen heißt in diesem wie in jedem anderen Falle, den Widerstreit der Kräfte zu beenden: „Von der Gewalt, die alle Wesen bindet, befreit der Mensch sich, der sich überwindet."[78]

Mit Cicero unterscheiden wir zwischen „zwei Arten zu kämpfen, die eine durch Gründe, die andere durch [physische] Gewalt".[79] Sowohl den Kampf um Worte, nämlich die richtigen Worte zu finden, wie den Kampf mit Worten, den Cicero meint, aber auch den Kampf mit der Hand oder mit Waffen als der verlängerten Hand kennt jeder. In beiden Fällen geht es um das Brechen eines Widerstandes. Tätiges wirkt auf Tätiges. Wo gekämpft wird, gibt es meist Sieger und Unterlegene. Der Kampf, weil durch ihn Unterschiede aufgehoben und gesetzt werden, ist im Naturgeschehen wie im Dasein des Menschen der Wille des Lebens zum Leben. In seiner freien Selbsttätigkeit ist der Mensch ein Wesen, das nicht fraglos in seiner Umwelt als einem Beziehungsgeflecht von Kräften aufgeht. Er ist die Kraft und hat die Kraft, sich sein Dasein zu *erkämpfen*. Nicht notwendigerweise ist ihm jeder Kampf ein Kampf ums Dasein. Ein solcher auf Leben und Tod ist als Möglichkeit Ausnahme, selbst dann, wenn man ihn nicht mit Nietzsche als eine „zeitweilige Restriktion des Lebenswillens" denkt.[80] Das Ziel ist das Leben, nicht der Kampf. Er soll dem Leben Raum schaffen durch Zuneigung, Überzeugung, durch Überredung, durch psychische Kraft und mitunter auch durch Gewalt. Gegenkräfte sollen im Kampf durch Einsicht, Schmeichelei, Ermattung oder gar Brechung ausgeschaltet werden.

Ist der Kampf der Vater aller Dinge, derjenige, der alles hervorbringt, nicht nur Staaten und Städte, auch das Recht und die Gesetze und den Frieden, und ist es der Bürgerschaft ebenso notwendig „für ihr Gesetz wie für die Mauer [den Staat] zu kämpfen"[81], so ist dieser Kampf im Vollzug auch nach Heraklit einer des Arguments wie der Faust. Cicero sieht zwar zu Recht in der Anwendung physischer Gewalt die Kampfart des „wilden Tieres", und einzig im *Argument* die dem Menschen entsprechende Weise des Kämpfens, doch war es ihm nicht entgangen, daß seine Zuschreibung der beiden Kampfarten – eine der Tiere und eine der Menschen – sich nicht absolut durchhalten läßt. Er zog die Konsequenz und erklärte ausdrücklich, daß der Mensch zu der zweiten Art, nämlich der Gewalt, „Zuflucht nehmen dürfe, wenn er sich der ersten nicht mehr bedienen kann".[82] Die Ohnmacht des Argumentes, so die verständliche Logik, rechtfertigt die physische Gewalt. Selbst wenn wir davon ausgehen, daß zu kämpfen immer Gewaltausübung ist, ist der Kampf deswegen nicht notwendig physische Gewalt: so der Kampf, den ich mit mir selbst führe, weil ich mich in dem Widerstand, den ich mir selbst entgegensetze, überwinden muß. Andererseits heißt kämpfen immer auch destruieren. Auch die Liebe, die um das Du, um die Annahme durch dieses kämpft, zerstört, weil sie, um eine neue Wirklichkeit zu setzen, Bestehendes in seiner Widerständigkeit überwinden muß. Das gilt ebenfalls für den Kampf mit Worten: Bekanntlich können auch Worte töten: „das Wort tötet den Mann", wenngleich Worte, wie ein anderes Sprichwort lehrt, keine Pfeile sind. Mit Worten kämpfen muß weder ein Überreden noch eine Weise des Psychoterrors sein. Schon wer überzeugen will, muß Vormeinungen und Vorurteile abbauen.

Machiavelli, der Ciceros Unterscheidung der zwei Kampfarten fast wörtlich übernimmt, erklärt wie dieser, daß, wenn die erstere nicht den gewünschten Erfolg bringe, „muß man auf die zweite zurückgreifen". Allerdings gilt ihm als erste Art nicht mehr die *Argumentation*, sondern das „Gesetz", womit das, was als Grund noch in seinem argumentativen Charakter überzeugen sollte, eine Bestimmung erfahren hat.[83] Auch weist Machiavelli ausdrücklich darauf hin, daß die beiden Kampfarten gar nicht voneinander zu trennen sind, und fordert folglich von einem Fürsten, daß er beide erlerne:

Daher muß der Fürst gut verstehen, Mensch oder Tier zu spielen. Das haben in verhüllter Form die antiken Schriftsteller die Fürsten gelehrt: sie erzählen, daß Achilles und viele andere antike Fürsten dem Zentaur Chieron zur Erziehung übergeben worden sind, der sie unter seiner Zucht behüten sollte. Das soll nichts anderes heißen, als daß sie zum Lehrer einen Tiermenschen hatten und daß ein Fürst verstehen muß, beides zu sein; eines ohne das andere bringt keine Dauer. Weil also ein Fürst das Tierische kennen muß, muß er sich am Fuchs und dem Löwen ein Beispiel nehmen: denn der Löwe ist nicht geschützt gegen die Schlingen und der Fuchs nicht gegen die Wölfe. Er muß also Fuchs sein, um die Schlingen zu kennen, und Löwe, um die Wölfe zu schrecken. Die sich nur auf die Löwennatur verstehen, sind nicht recht beraten.[84]

4. Der militärische Kampf

Die Entstehung des Staates vollzieht sich wesentlich durch eine Umwandlung von Gewalt in *Macht*.[85] Im Unterschied zur Gewalt verfügt über Macht nicht ein einzelner, auch wenn sie von einem einzelnen ausgeübt wird. Wenn, wie Max Weber schreibt, Macht nur als „jede Chance, innerhalb einer sozialen Beziehung den eigenen Willen auch gegen Widerstreben durchzusetzen, gleichviel worauf diese Chance beruht"[86], zu verstehen ist, so würde sie sich von Gewalt nicht unterscheiden. Macht mag zwar, wie schon Voltaire meinte, darin bestehen, andere zu veranlassen, so zu handeln, wie es einem beliebt, aber der einzelne hat sie nur, sofern er von anderen, die ihm Macht erteilen, zu ihr ermächtigt ist. Es kommt niemandem Macht *per se* zu. Weil Macht erteilt wird, muß sie verantwortet werden. Macht ist eine Befugnis, die, mit Kant gesprochen, auf einem Erlaubnisgesetz der praktischen Vernunft beruht. Zur Macht gehört *Autorität*, und sie ist aus sich selbst wirkende Kraft. Es liegt, schreibt Friedrich Meinecke, „im Wesen der einmal gewonnenen Macht über ein Volk, daß sie gepflegt werden muß, um erhalten zu werden. So wie sie da ist, muß sie organisiert werden."[87] Was bei Meinecke Pflege und Organisation heißt, ist die Umwandlung von Gewalt in Recht und Gesetz. Wer dagegen Gewalt ausübt, macht Erfahrung mit deren instabilem Charakter. Er darf, nach einem Wort von Napoleon, mit der rohen Gewalt der Bajonette alles machen, nur nicht auf ihnen sitzen.

Allerdings, die Macht des Staates umkleidet Gewalt, denn, und hier hat Weber recht, „wenn nur soziale Gebilde beständen, denen die Gewaltsamkeit als Mittel unbekannt wäre, dann würde der Begriff ‚Staat' fortgefallen sein, dann wäre eingetreten, was man [...] als ‚Anarchie' bezeichnen würde".[88] Wenn auch die Ausübung von Gewalt noch keinen Staat konstituiert, gibt es doch keinen Staat, der nicht im Besitz solcher ist. Das Besondere an Gemeinschaften wie Staaten ist es aber, daß in ihnen Gewalt nicht nur durch Macht ersetzt, sondern durch diese sanktioniert wird. Ausübung von Macht ist Politik. Wo Macht versagt, tritt an ihre Stelle wiederum Gewalt, denn sie entsteht aus der Ohnmacht und führt so zu der Abdankung des Politischen.

Die Doppeldeutigkeit im Begriff Gewalt, der Unterschied zwischen natürlicher und staatlicher Gewalt, schlägt sich auch im Begriff des Kampfes nieder. Nach den Untersuchungen von Helmut Berve war im antiken Griechenland der Kampf unter Einsatz physischer Gewalt der Normalzustand. Ein Ende dieses alltäglichen Streites, primär ein Rinder- und Frauenraub, wurde erst durch die Ausbildung von Staaten und somit durch Friedensverträge erreicht[89]. Sofern Staatlichkeit die Bedingung des Friedens ist, wurde durch sie zwar der Friede zum erhofften Normalzustand, aber zugleich wurden die Formen der Konfliktaustragung mittels der Staatsorganisation und der ihr zur Verfügung stehenden Ressourcen um so intensiver und härter.[90]

Der Kampf, der nach Hobbes die Grundsituation des menschlichen Daseins bestimmt, ist der, in dem jeder *einzelne* mit jedem anderen *einzelnen* schon immer steht. Er ist gemeinschaftlich, aber nicht ein Kampf in sich organisierter und anerkannter Gemeinschaften. Den Grund eines solchen *natürlichen* Kampfes sieht er in der menschlichen Natur selbst, denn in ihr, lehrt er, liegen die hauptsächlichen Konfliktursachen: Konkurrenz (*competitio*), Unsicherheit und Aggressivität aus Furcht (*defensio*) und Ruhmsucht (*gloria*). Sie machen zum Schutze dieser Natur die Bereitschaft zum Kampf auf Leben und Tod erforderlich. Das menschliche Dasein ist ihm seiner Natur nach, weil es individuelles Dasein ist, und er gerade im individuellen Dasein dessen höchsten Zweck sieht, *Wille zum Kampf*. Wo nämlich alle Menschen gleich sind und es keine Herrschaft gibt, muß jeder für sein eigenes Leben und dessen Bewahrung Sorge tragen, so „daß in einem solchen Zustand jedermann ein Recht auf alles hat, selbst auf den Körper eines anderen".[91] Anders im Staat, denn mit dessen Existenz verliert der Hobbes'sche Grundsatz: *„Aus Gleichheit entsteht Unsicherheit, aus Unsicherheit Krieg"*[92] seine Gültigkeit, denn der Zusammenschluß unter die Macht – so Hobbes' Rechtfertigung des Staates – verbannt den Kampf aus ihrem Geltungsbereich. Allerdings bedingt diese Transformation individueller Gewalt in staatliche Macht, daß alle, die dieser nicht untertan sind, zumindest potentiell zu Feinden werden,[93] der Kampf in einem, wenn auch ausgegrenzten, Raum weiter tobt und vom Kampf eines jeden gegen jeden zum gemeinschaftlichen, dem militärischen Kampf wird.

Wenn Hegel festhielt, daß der Kampf in der „bis zum Äußersten getriebenen Form" nur im Naturzustande stattfinden könne, bzw.

dort, „wo die Menschen nur als *einzelne* sind", heißt dies nicht, daß es nach der Bildung von Staaten keinen Kampf mehr gibt. Der bleibt auch nach deren Entstehung das Element der Freiheit. Der gewaltsame Kampf als Kampf des einzelnen, der von Hegel für beendet erklärt wird, denn im funktionierenden Staat ist „das Gesetz das Herrschende"[94], wird diesem Gesetz und damit dem Krieg unterstellt. Durch das Entstehen von Staaten wird in deren Beziehung miteinander der *Krieg* eine Möglichkeit. Der Kampf wird zum Teil des Krieges.

Ein Streit läßt immer das eigentlich Persönliche derer, die am Streit teilnehmen, zurücktreten. Diese Tendenz wird verstärkt, wo nicht der einzelne für sich, sondern im Verbunde kämpft. Eine Vereinigung ganz heterogener Interessen erfolgt, insofern durch sie die gemeinsame Gegnerschaft unterstrichen wird, obgleich gleichzeitig die Andersartigkeit jener, mit denen gestritten wird, herausgehoben wird. So werden Fehden, die Gruppenmitglieder untereinander führen, begraben, wenn es in Auseinandersetzung mit einer anderen Gruppe um die Weiterexistenz der eigenen geht. Streit schafft Einheit. Georg Simmel hat mit guten Gründen erklärt, daß „die zusammenschließenden Verhältnisse von Völkerschaften als ganzen nur kriegerische waren, während die übrigen, wie Handelsverkehr, Gastfreundschaft, Konnubium, doch nur Beziehungen von Individuen betrafen, die die Ausmachung zwischen den Volkseinheiten wohl ermöglichte, aber nicht von sich aus ins Werk setzte"[95]. Wenn, wie Simmel es ausdrückt, es nicht die individuellen Beziehungen sind, die zu Zusammenschlüssen führen, kann auch die streitbare Auseinandersetzung zwischen Staaten und Staaten oder anderen politischen Gruppen nicht in der individuellen Seelenlage einzelner ihren Grund haben. Die Gegensätzlichkeit muß eine allen Beteiligten gemeinsame und für alle Beteiligten die gleiche sein.

Der Krieg lebt nach dieser Beschreibung von der Radikalisierung des Streites. Er ist Verneinung der Gleichwertigkeit des Lebens aller Menschen und kommt so zu der Unterscheidung zwischen *Freund* und *Feind*, zwischen Kampfgenossen und Gegnern. In der Benennung als Feind erfährt der jeweilige Gegner eine Entindividualisierung, durch die sein Leben für nichtig erklärt wird. Sofern nun zum Staat Herrschaft, Androhung und Ausübung von Gewalt gehören, ist die Unterscheidung in Freund und Feind an diesen delegiert und nicht mehr Sache des Kämpfenden. Sein Recht ist es nicht, zu entscheiden, wer sein Feind ist, sondern den, der zu seinem Feind erklärt ist, als solchen zu identifizieren. Der Soldat, dem die Pflicht zu töten zuerkannt ist, hat ausdrücklich nicht das Recht zu morden, d.h., dem das Leben zu nehmen, der nicht als Feind eingestuft ist. Dies zu verhindern machte es nötig, eine klare Unterscheidung zwischen Kombattanten und Non-Kombattanten zu treffen. Der Friedensschluß von Münster und Osnabrück (1648) anerkannte den Soldaten des Landkrieges als *iustus hostis* (gerechter Feind) und entkriminalisierte so auch die feindlichen Soldaten. Der Friedensschluß von Utrecht (1713) hat ähnliches für den Seekrieg, allerdings auf umgekehrte Weise erreicht. In ihm wurde das Piratentum für kriminell erklärt.[96]

Krieg mag Kampf sein, aber er muß es nicht. Kampf ist nicht Krieg. Krieg kann eine Form des Kampfes sein. Im Krieg wird gekämpft, aber an die Stelle des Kampfes vermag auch der Mord zu treten. Alle Versuche einer „Hegung" (Carl Schmitt) des Krieges seit Hugo Grotius, wenn nicht schon früher, sind Ausdruck des Bemühens, den Krieg Kampf und nicht Mord sein zu lassen. Trotz der gegenseitigen Entindividualisierung sind die Gegner in ihrer Handlung nicht bezugslos zueinander. Im Krieg tötet man, wie Karl Löwith hervorhebt, um nicht selber getötet zu werden, es geht „wechselseitig um Leben und Tod". Wer jedoch mordet, „ist einseitig auf einen anderen bezogen, den er aus irgendeinem Grund tötet: aus Haß, Rachsucht, Eifersucht, aus sexueller Perversion im Lustmord; aus Habgier im Raubmord, oder um einen politischen Gegner zu beseitigen".[97] Der Krieger setzt sich selbst dem Tod aus und bedarf des Mutes, denn er *wagt* sein Leben. Der Mörder ist feige, er riskiert sein Leben nicht, er tötet, ohne seinerseits zum Kampf herauszufordern oder herausgefordert zu sein. „Der Krieg ist ein Kampf auf Leben und Tod, Töten und Getötetwerden sind in ihm aufeinander bezogen." Krieg ist kein Massenmorden, auch wenn er keinen Rechtszustand erfordert. Rechtlose und wehrlose Menschen in Massen zu vernichten, ist aber, mit Löwith gesprochen, immer „mehr als ein Verbrechen"[98]: Es wird getötet, ohne dabei selber das Leben oder auch Strafe zu riskieren, der dem Sinn des Lebens immer widerstreitende Tod wird zum einzigen Sinn und damit das Leben zu absolutem Un-sinn erklärt.

Der Kämpfende weiß, daß der Tod nicht der Sinn des Lebens ist und schon gar nicht der gewaltsame, er stellt sich ihm aber und setzt ihm einen Sinn: „dulce et decorum est pro patria mori". Dieser Spruch, daß es süß und ehrenvoll sei, für das Vaterland zu sterben, ist keine Wahrheit, denn der Tod im Krieg ist nicht weniger leidvoll und grauenhaft als er als ehrenvoll behauptet wird. Seinen Sinn gewinnt der Spruch in der einen Überhöhung des Todes, weil der Kampf den Tod zu einem selbstbewußten Akt und zum dargebrachten Opfer steigert.

Krieg ist ein Erlebnis von Freiheit, weil er das Leben im Ganzen, in seiner Weite und seiner Stärke fühlbar werden läßt. Er enthebt es dem Bedingten und Alltäglichen wie kaum eine andere Erfahrung. Die Gefahr des Todes ist nicht nur eine Begleiterscheinung, sie selbst ist es, die im Krieg dem Kämpfenden entgegentritt und zuallererst besiegt werden will. Der Krieg wagt sich ins Ungewisse hinaus und er kann jederzeit verloren werden für die Völker oder die Staaten, die ihn führen, aber auch für den einzelnen, der unabhängig vom Ausgang von Schlachten sein Leben – und es ist sein einziges – riskiert: Der militärische Kampf ist „Leben im Katarakt. Da gibt es keine Kompromisse; es geht ums Ganze. Das Höchste ist Einsatz, fällt Schwarz ist alles verloren. Und doch ist es kein Spiel mehr, ein Spiel kann wiederholt werden, hier ist beim Fehlwurf alles vorbei. Das gerade ist das Gewaltige."[99] Anders als das Abenteuer kann der Krieg nicht ohne den Tod bestanden werden. Die Frage ist nur: trifft es mich oder trifft es dich? Einen trifft es immer, so daß der Ausnahmecharakter, der beiden, Abenteuer wie Krieg, anhaftet im Falle des letzteren keine Rückkehr ins Gewohnte zuläßt. Das Leben des Siegers ist mit dem Blut des Besiegten erkauft: „Die Feinde von heute und morgen: sie sind in den Erscheinungen der Zukunft verbunden, das ist ihr gemeinsames Werk."[100] Doch zu behaupten, daß der Kampf, und gemeint ist der militärische, „nicht nur eine Vernichtung" ist, sondern eine „Form der Zeugung" und daß „nicht einmal der umsonst" kämpft, „welcher für Irrtümer ficht",[101] setzt voraus, daß nicht der Kampf im Sinne Heraklits, sondern der militärische der Vater aller Dinge ist. Der Krieg wird dann nicht als unmögliche Möglichkeit, sondern als Möglichkeit, letztlich selbst als Politik gesehen.

IV. Die Instrumentalisierung des Krieges

Kriegerische Gewalt drückt sich als physische Gewalt aus. Eine solche ist sie auch wenn, wie Clausewitz dies festhält, Gewalt sich mit den „Erfindungen der Künste und Wissenschaft" rüstet oder sie sich von Beschränkungen „völkerrechtlicher Sitte" begleiten und einengen läßt.[102] Da physische Gewalt das „Mittel" ist, einen „Zweck" umzusetzen, „dem Feinde unseren Willen aufzudringen", scheint es folgerichtig, den Krieg als *Mittel* zu bestimmen. Ein Mittel ist immer Mittel zu einem Zweck, und wenn Krieg ein Mittel ist, dann kann er nur eines der politischen Machtausübung sein. Es wäre demnach die *Politik*, die dem Krieg den Zweck zu setzen hat. Gewalt ist fraglos ein Mittel der Politik, aber darf deswegen, so unsere Frage, auch in Analogie geschlossen werden, daß kriegerische Gewalt ein solches Mittel ist? Clausewitz behauptet dies und sieht den Krieg als „eine bloße Fortsetzung der Politik mit anderen Mitteln"[103].

Gegen Clausewitz behaupte ich, daß der Krieg wenn, dann nur *bedingt* als Fortsetzung der Politik zu sehen ist, in Wahrheit aber *Unpolitik*, d.i. Ausdruck politischer Machtlosigkeit ist.

Macht ist in sich vielfältig, sie kann um ihrer selbst willen gesucht werden. Ein solches Wollen strebt nicht danach, einen bestimmten Inhalt zu konkretisieren und ist deshalb in seiner Unbestimmtheit negativ. Ein Streben, dem ein Wille zugrunde liegt, der *nichts* will, kann nicht anders als dieses *Nichts* in der Zerstörung wirklich werden lassen. Nicht Hervorbringung einer Wirklichkeit ist ihm das Ziel, sondern in seiner Destruktivität findet ein solches Streben seine höchste Lust an seiner Gewaltsamkeit. Weiter kennzeichnet es jede Macht, daß sie anderen Mächten überlegen zu sein sucht und in ihrer Überlegenheit den anderen gegenüber Gewalt ausübt, sei es auch nur argumentative. Dem Wesen jeder Form von Gewalt entspricht es, die Überwindung des Gegners als das *Ziel* ihres Strebens – unabhängig von der Setzung eines Zweckes – zu sehen. Der Krieg ist anders als jede Notwehrsituation, wie Clausewitz dies darzulegen sucht, primär ein *„Akt der Gewalt, um den Gegner zur Erfüllung unseres Wil-*

lens zu zwingen"[104]. Gewalt, für sich genommen, verdankt sich dem das Leben bestimmenden Kräftespiel. In diesem freien Spiel ist die Potenzierung der Kräfte das einzige Ziel, solange keine Zwecksetzung sie in Dienst nimmt. Der Notwehr ist der Zweck inhärent, in ihr erweist sich zwar auch Kraft in ihrer Stärke, aber nicht Zerstörung und Unterwerfung sind dem Willen Zweck, sondern das Leben. Die sich im Krieg als Krieg zeigende Bereitschaft zur Überwindung eines Gegners als Ziel wie Zweck, ohne nähere inhaltliche Bestimmung und Angabe des „Warum" der Gegnerschaft, liegt schon im Wesen der Kraft, zu der es gehört, in ihrer Äußerung nichts als sich selbst zu manifestieren. Wo Gewalt auf dem freien Spiel ihrer Kräfte fußt, vermag sie eine Freude an sich selbst hervorzubringen, die sie ihre Destruktivität als zweckvoll sehen läßt. Dies macht gerade kriegerische Gewalt so gefährlich, denn sie unterliegt im Unterschied zur zivilen oder polizeilichen Gewalt nicht einer Begrenzung durch einen ihr unmittelbar vorgegebenen Zweck. Polizeiliche Gewalt ist innerstaatliche Gewalt, kriegerische dagegen transzendiert in einen durch staatliche Gesetzgebung nicht geregelten Raum.

Clausewitz weiß dies, und mit ihm den Krieg als Instrument der Politik sehen zu wollen und an diese rückzubinden, gibt es gute Gründe. Ist doch die kriegerische Gewalt für sich genommen – nicht anders als die Macht um ihrer selbst willen –, wenn auch nicht ziellos, so doch ohne Zwecksetzung. Sie ist nicht schöpferisch, noch am Gemeinwohl orientiert, sie strebt zwar nach dem Sieg, aber nicht nach dem Frieden. Ihre Rückbindung an die Politik heißt verhindern, daß Kriege um des Krieges selbst willen geführt werden. Die These von der Instrumentalität des Krieges ordnet den politischen Zweck als den Grund und das Maß des Krieges dem Ziel des kriegerischen Aktes, dem Niederwerfen des Gegners, vor:

> *Man fängt keinen Krieg an, oder man sollte vernünftigerweise keinen anfangen, ohne sich zu sagen, was man mit und was man in demselben erreichen will; das erstere ist der Zweck, das andere das Ziel.*[105]

1. Krieg ein Mittel der Politik?

Wenn es stimmt, daß Politik den Zweck setzt und die Strategie das Ziel, so heißt dies, Niederwerfung und Ausschaltung des Gegners bilden *im* Krieg das Ziel des Handelns, sie können aber nicht dessen Zweck sein. Vielmehr verweist jedes Kriegsziel, ist es nicht in sich selbst destruktiv, auf ein „Worumwillen", dessentwegen der Krieg geführt wird. Der Krieg als ein Handlungsablauf weist wie alle Geschehnisse über sich hinaus, sofern die Handlung, aus der sie hervorgehen, nicht Selbstzweck ist, sondern auf etwas abzielt, worin sich ihr Ziel als zweckhafter Sinn erfüllt. Sicherlich, das Ziel der Strategie ist der Sieg, wie das der Heilkunst die Gesundheit. Doch Sieg bedeutet nicht notwendig Frieden, und Gesundheit noch nicht Zufriedenheit und Wohlergehen. Es ist auch nicht gesagt, daß der Sieg, und nicht die Niederlage, zum Frieden führt. Das letzte Ziel, der Zweck, dem die Feldherrnkunst untergeordnet zu sein hat, ist der Friede. Er ist der Zweck der Politik. Der Friede verhält sich zum Sieg wie ein noch höheres Gut zu einem hohen. Denn der Sieg gewinnt nur vom Frieden her seinen Sinn – ansonsten wäre er weniger als ein Pyrrhussieg. Nun ist der Friede aber nicht ein Gut, das neben anderen existieren würde und erworben werden könnte, sondern er ist der wahrhafte Sinn eines mit sich in Übereinstimmung stehenden und sich bejahenden Lebens des Staates, daher eine Hoffnung, deren Erfüllung für die Zukunft erwartet wird.

Das Ziel des Sieges ist das Ende des Kampfes. Das Verständnis des Krieges als Mittel zum Sieg und diesen als Mittel zum Frieden darf aber nicht außer acht lassen, daß Politik Gestaltung von Macht ist und durch Macht ermöglicht wird. Der Krieg kann somit nur dort Mittel sein, wo die in ihm sich äußernde Gewalt rückgebunden an eine Macht ist, die die Gewalt des Krieges in sich zu fassen und zu halten vermag. Dies ist der Sinn des staatlichen Gewaltmonopols: Bindung von Gewalt, die freilich in der Bündelung auch potenziert wird. Im innerstaatlichen Bereich erfordert die Ausübung von Gewalt eine Legitimierung durch Rückbezug auf staatliche Regeln und Gesetze. Im zwischenstaatlichen Verhältnis ist die Anwendung von Gewalt primär eine politische Entscheidung.

Clausewitz' Annahme, der Krieg sei als Instrument der Politik zu denken, ist nachvollziehbar, in sich aber nicht schlüssig. Sie geht davon aus, daß Kriege sich zu einem Mittel machen lassen und auch im Vollzug ein solches Mittel bleiben. Die Bestimmung des Krieges als Mittel spricht diesem jeden Selbstzweck ab. Für das Verhältnis von Politik und Krieg heißt dies, daß erstere mit dem Krieg über ein

Werkzeug verfügt, dessen sie sich bedienen kann, wo es ihr für ihren Zweck erforderlich erscheint. Gegen diese Zweck-Mittel-Bestimmung muß die Frage gestellt werden: Sind Politik und Krieg nicht beide so ursprünglich und elementar miteinander verbunden, speisen sie sich in ihrer Kraft nicht aus derselben Quelle, so daß gar nicht gesagt werden kann, welches von beiden Mittel ist? Und tatsächlich wurde, Clausewitz' Satz paraphrasierend, behauptet, nicht der Krieg sei ein Mittel der Politik, sondern die Politik Fortsetzung des Krieges mit anderen Mitteln. Für diese Umkehrung, die das erste Mal von Wilhelm Dilthey ausgesprochen wurde,[106] sprechen einige gute Argumente, sofern diese Formel nicht bellizistisch aufgefaßt wird. Ihre Übernahme durch Michel Foucault bekräftigt dies insofern, als ihm klar ist, daß Krieg ebenso wie Politik aus der Macht entsprungen ist: „Die Macht ist der Krieg, der mit anderen Mitteln fortgesetzte Krieg [...]"[107]

Der Umstand des gemeinsamen Ursprungs von Politik, der Lebensäußerung des Staates, und von Krieg durch eine Transformation der Gewalt aller gegen alle in das Gewaltmonopol des Staates, darf nicht darüber hinwegtäuschen, daß Krieg und Politik ihrem Charakter nach einander widersprechen. Zwar ist die Zusammenziehung der Gewalt aller Individuen in gemeinschaftliche Gewalt die Bedingung der Möglichkeit von Politik wie die von Krieg, doch sind beide einander nicht ebenbürtig. Die Macht des Krieges ist politische *Ohn-Macht*. Das sieht auch Clausewitz so und faßt den Krieg, um ihn der Politik unterzuordnen, als Fortsetzung der Politik mit anderen *Mitteln*. Ist der Krieg, weil er nicht Zweck sein darf, tatsächlich als Mittel anzusehen? Tritt uns in dem Verständnis des Krieges als Mittel nicht eine verhängnisvolle Verwechslung von Krieg und Militär entgegen? Für die Erhaltung und Schaffung von Frieden kann es nicht gleichgültig sein, ob die Axt an die Wurzel des Krieges gelegt wird oder ob sie nur einen Seitentrieb abschlägt, ob der Sack oder der Esel geschlagen wird. Auch wer dem Esel den Sack mit dessen Futter nimmt, verhindert noch nicht, daß dieser wild um sich schlägt und seinen Hunger mittels anderer Nahrung als Heu und Hafer stillt.

Den Krieg als Mittel der Politik zu sehen, setzt voraus, daß diesem keine „eigene Logik" gegenüber der Politik zukommt, wenngleich er über eine „eigene Grammatik", jene Regeln, denen folgend er sich vollzieht, zu verfügen scheint. Clausewitz' Frage, ob der Krieg nicht „bloß eine andere Art von Schrift und Sprache" des Denkens der Politik ist, zu bejahen, erfordert anzunehmen, daß „der Krieg niemals von dem politischen Verkehr getrennt werden" kann.[108] Geschieht dies nämlich, so Clausewitz' Argument, werden „gewissermaßen alle Fäden" seines Verhältnisses zur Politik zerrissen, „und es entsteht ein sinn- und zweckloses Ding".[109] Krieg ist Umgang mit Gewalt aufgrund von Macht, mit dem Ziel der Destruktion von Macht. Haftet dem Krieg so ein Widerspruch an zwischen der Gesetzlichkeit der Politik und seiner Eigengesetzlichkeit als Gewalt? Politik ist Umgang mit Macht, aber auf Macht beruht auch die aus ihr freigesetzte militärische Gewalt, und deswegen, meint Clausewitz, sei es dieser unmöglich, sich von der Politik loszureißen. Er übersieht in seiner Bestimmung des Verhältnisses von Politik und Krieg nicht, daß der „wirkliche Krieg kein so konsequentes [...] Bestreben ist, wie er seinem Begriff nach sein sollte", und schreibt daher, er sei „ein Halbding, ein Widerspruch in sich [...]".[110] Doch läßt sich schließen, eben weil der Krieg ein *Widerspruch* in sich ist, daß er als dieses *Halbding* nicht einer eigenen Logik folgend existieren kann und nur als Teil eines Ganzen zu betrachten ist, eines Ganzen, das die Politik darstellt von der her er seinen Zweck gewinnt? Letzteres gestehen wir zu, ersteres jedoch nicht. Ist wirklich undenkbar, daß die Grammatik des Krieges zu seiner Logik wird? Der Krieg bedarf der Politik nicht, um geführt zu werden, sondern seiner Grammatik, seiner eigenen Gesetzlichkeit folgend, erstrebt er den Sieg. Diesen erstreitet er aber nicht um des Friedens willen. Die Verselbständigung des Krieges gegenüber der Politik ist die tödliche Gefahr für diese. In jeder Vorordnung des Sieges vor den Frieden wird die Grammatik des Krieges zu dessen Logik, und somit wird die dem Krieg eigene Grammatik zur Logik der Politik. Wenngleich der Krieg nur durch die Politik und Bündelung von Gewalt möglich ist und der Einfluß der Politik das entscheidende Element „bei dem Entwurf zum ganzen Kriege, zum Feldzuge und oft selbst zur Schlacht" ist[111], so ist nicht ausgeschlossen, daß im Vollzug des Krieges das politische Element zur Bedeutungslosigkeit herabsinkt, weil es ihm nur um den Sieg, und nicht um den Zweck des Krieges, den Frieden, geht, die Grammatik des Krieges an die Stelle der Logik der Politik tritt:

Die Frage bleibt also nur, ob bei Kriegsentwürfen der politische Standpunkt dem reinen militärischen (wenn ein solcher überhaupt denkbar wäre)

weichen, d.h. ganz verschwinden oder sich ihm unterordnen, oder ob er
der herrschende bleiben und der militärische ihm untergeordnet werden
müsse.[112]

Der *rein* militärische ist der in sich *zwecklose* Standpunkt, weil der
Sieg bestenfalls, wenn auch nicht bloß um des Krieges willen, so
doch um seiner selbst willen erfochten würde. Leider nicht nur denkbar, sondern traurige Wirklichkeit ist es, daß die Eigengesetzlichkeit
des Krieges im Kampf auf Leben und Tod „aus bloßer Feindschaft"[113]
die Politik als Vertreterin des Interesses der Menschlichkeit nicht
mehr zu Wort kommen läßt und sie so nicht mehr Suche nach der
besten Form gemeinsamen Lebens, auch von Staaten untereinander,
sein kann. Der Friede ist keine Zwecksetzung einer Grammatik des
Krieges, auch dann nicht, wenn diese an Stelle der Logik agiert.

Es ist der Logik der Grammatik des Krieges gemäß, daß ein Krieg,
wird seine Grammatik zu seiner Logik, an dem ihm eigenen Widerspruch zugrunde geht. Sofern Krieg Bündelung von Gewalt voraussetzt und diese Bündelung keinem politischen Zweck mehr dient,
kann mit Recht angenommen werden, daß der Ausschaltung von
Politik die Vereinzelung von Gewalt folgt. Doch ist nicht gesagt, daß
der Vereinzelungsprozeß ein momentaner ist. Er kann sich über lange Zeit hinziehen. Der Prozeß der *Selbstvernichtung* des Krieges ist
Freisetzung von Gewalt, die – indem sie sich selbst vernichtet – eben
das Leben vernichtet. Kriegerische Gewalt ist unabhängig von der
Politik nicht gezähmte militärische Gewalt, sondern vernichtet alles,
das sich ihr entgegenstellt, so daß jedes Programm einer Selbstvernichtung des Krieges auch das Ende der Politik einschließt.

Die Unterordnung der Politik unter die Grammatik des Krieges
ist eine nie auszuschließende Möglichkeit im Verhältnis beider zueinander. Für denkbar, wenn auch nicht für wahrscheinlich, hält Clausewitz, daß der politische Gesichtspunkt mit dem Beginn des Krieges ganz aufhört. Er anerkennt, daß „die Politik [...] den Krieg erzeugt" hat, hält aber gerade deswegen „das Unterordnen des politischen Gesichtspunktes unter den militärischen" für widersinnig:[114]

Daß die Politik alle Interessen der inneren Verwaltung, auch die der Mensch-
lichkeit [...] in sich vereinigt und ausgleicht, wird vorausgesetzt; denn die
Politik ist ja nichts an sich, sondern ein bloßer Sachwalter aller dieser

Interessen gegen andere Staaten. Daß sie eine falsche Richtung haben, dem Ehrgeiz, dem Privatinteresse, der Eitelkeit der Regierenden vorzugsweise dienen kann, gehört nicht hierher; denn in keinem Fall ist es die Kriegskunst, welche als ihr Präzeptor betrachtet werden kann, und wir können hier die Politik nur als Repräsentantin aller Interessen der ganzen Gesellschaft betrachten [...] Daß der politische Gesichtspunkt mit dem Kriege ganz aufhören sollte, würde nur denkbar sein, wenn die Kriege aus bloßer Feindschaft Kämpfe auf Leben und Tod wären [...][115]

Und warum sollte eine solche Feindschaft auf Leben und Tod nur denkmöglich, und nicht auch wirklich sein? Im Vollzug des Krieges ist trotz des von Clausewitz erklärten Widersinnes einer Unterordnung des politischen Gesichtspunktes unter den militärischen, auch wenn die Politik die „Intelligenz" ist und „nicht umgekehrt", der Vorrang der militärischen Erfordernisse nicht zu bestreiten.[116] Der Krieg bedarf grundsätzlich aller Ressourcen zur Überwindung des Gegners, und darin unterscheidet er sich von einem kriegerischen Streifzug oder einer militärischen Strafexpedition. Ursprünglich unterschied auch Clausewitz, wie er an Fichte schrieb, zwischen dem mit äußerster Anstrengung geführten Krieg, dessen Zweck die Niederwerfung des Gegners ist, und kriegerischen Handlungen, mittels derer man „*bloß an den Grenzen seines Reiches einige Eroberungen machen will*, sei es, um sie zu behalten, oder um sie als nützliches Tauschmittel beim Frieden geltend zu machen."[117] In diesen Handlungen sah er „eine Ausartung der Kriegskunst in kleinliches Handwerkswesen"[118]. In den späteren Überlegungen werden diese kriegerischen Handlungen, eben weil sie durchaus Mittel der Politik sein können, als Krieg verstanden und eine „doppelte Art" des Krieges unterschieden.[119] In beiden Arten des Krieges sieht er es als die Aufgabe des Heerführers, den Feind wehrlos zu machen (weswegen das letzte Wort nicht dem Soldaten gehören darf). Der Sieg soll nur den Weg zum Frieden bahnen. Das, was nach dem Sieg kommt, der Friede, dasjenige, um dessentwillen der Sieg angestrebt wird, zu gestalten, bleibt Aufgabe der Politik; aber umgesetzt kann sie erst werden, wenn die Soldaten wieder in ihre Kasernen zurückgekehrt sind. Die Kraft ist nicht die Destruktion. Ihre Sorge gilt dem Aufbau der Wirtschaft wie der Bestellung der Felder. Clausewitz' These vom Krieg als Instrument gilt, solange die Grammatik des Krieges nicht die Logik der Politik ist. Er hat recht, daß Kriege, zumeist politische – das meint auch wirtschaftliche – Gründe haben und nicht aus „bloßer Feindschaft" geführt werden. Feindschaft jedoch, worin immer sie gründen mag, ist es, die jeden kriegerischen Kampf begleitet, der auf Leben und Tod geführt wird. Die Grammatik des Krieges als Logik der Politik ist eine Logik der Destruktion, weil sie eine Logik der politischen *Ohnmacht* ist. Gerade dies schließt nicht aus, daß Feindschaft zu dem den Krieg tragenden Gesichtspunkt wird.

2. Das unberechenbare Wesen des Krieges: Politische Ohnmacht

Clausewitz hat sicher recht, wenn er uns warnt, „den Krieg bloß als Handlung der Gewalt und der Vernichtung zu betrachten, um aus diesem einfachen Begriff mit logischer Konsequenz eine Reihe von Folgerungen zu ziehen, die mit den Erscheinungen der wirklichen Welt gar nicht mehr zusammentreffen". Vielmehr ist es notwendig, so sein Argument, zu begreifen, „daß der Krieg ein politischer Akt ist, der sein Gesetz nicht ganz in sich selbst trägt [...]"[120]. Was meint dies: Der Krieg trage sein Gesetz *nicht ganz* in sich selbst? Ist diese Feststellung unvereinbar mit der Vorstellung, daß der Krieg „ein wahres politisches Instrument" ist, „was nicht selbst wirkt, sondern von einer Hand geführt wird", und ist die Vorstellung, daß die Hand, die führt, die Politik ist, nicht nur nicht folgerichtig, sondern auch gefährlich? Wenn, wie Clausewitz ausführt, die Politik, je mehr sie von großartigen, das „Ganze und sein Dasein umfassenden Interessen ausgeht", desto mehr mit Feindschaft zusammenfällt[121], so heißt doch dies nichts anderes, als daß die *Grammatik des Krieges* zur *Logik der Politik* wird. Gerade eine von Clausewitz selbst gemachte Beobachtung spricht gegen seine These vom Krieg als Mittel der Politik, nämlich die, daß der Krieg, je einfacher er wird, je mehr er „aus dem bloßen Begriff der Gewalt und Vernichtung" hervorgeht, desto eher dazu neigt, Politik mit Feindschaft zu identifizieren, weil bei ihm das „politische Prinzip [...] mit dem Begriff der Gewalt und der Vernichtung" korrespondiert.[122] *Freund* und *Feind* sind Kategorien des Krieges und nicht der Politik. Die Politik kennt den Gegner als Konkurrenten, aber nicht als einen Feind, dessen Leben von vornherein dem Tod verfallen gilt. Herfried Münkler stellt zu Recht zu dieser Bemerkung von Clausewitz' fest, daß die für Clausewitz zwingende Konsequenz seiner Überlegung es ist, „daß eine Theorie des Krieges nicht aus dem Begriff des Krieges heraus entwickelt werden kann [...]. Die Einheit des Kriegsbegriffs liegt nicht im Krieg, sondern in der Politik, und sie erwächst aus der Einsicht, ‚daß der Krieg nur ein Teil des politischen Verkehrs sei, also durchaus nichts Selbständiges'"[123]. Die Überlegung Clausewitz' beruht darauf, daß Krieg seine eigene Grammatik, aber nicht seine eigene Logik hat. Sie übersieht jedoch, daß die Grammatik des Krieges sehr wohl zur Logik der Politik werden kann. Erich von Ludendorff, auf deutscher Seite einer der führenden Militärs des Ersten Weltkrieges, hatte dies klar erkannt. Trotz des Lobes, das er über Clausewitz' Werk ausspricht, hält er dessen instrumentelle Auffassung des Krieges für veraltet:

> *Das Wesen des Krieges hat sich geändert, das Wesen der Politik hat sich geändert, so muß sich auch das Verhältnis der Politik zur Kriegführung ändern. Alle Theorien von Clausewitz sind über den Haufen zu werfen. Krieg und Politik dienen der Lebenserhaltung des Volkes, der Krieg aber ist die höchste Äußerung völkischen Lebenswillens. Darum hat die Politik der Kriegführung zu dienen.*[124]

Klar gesehen hat Ludendorff, daß der Krieg mehr ist als ein bloßes Mittel der Politik, und das nicht erst seit der Proklamation des totalen Krieges. Schon in der ursprünglichen Form des heroischen Krieges ist die Grammatik des Krieges die Logik der Politik. Eine Alternative zu Clausewitz' instrumenteller Auffassung des Krieges kann es nicht sein, wie Ludendorff dies fordert, die Politik der Kriegführung zu unterstellen. Clausewitz' instrumentelle Unterordnung des Krieges unter die Politik wollte eben ein solches Vorgehen vermeiden. Es war seine Absicht, den Krieg in seinem Gewaltpotential zu limitieren. Der Erste Weltkrieg beispielsweise mag als ein instrumenteller Krieg begonnen worden sein, doch hat er in seinem Verlauf einen Wandel durchgemacht. Diesen Wandel hat Ludendorff richtig erkannt: Der Krieg ließ sich nicht mehr als Instrument der Politik zur Wiederherstellung des Gleichgewichtes zwischen den europäischen Mächten einsetzen. Ludendorffs Forderung, die Politik müsse der Kriegführung dienen, bestätigt nur die Logik einer politischen

Ohnmacht, die nicht mehr fähig ist, sich bewußt zu machen, daß ihr Krieg nur Ausdruck dieser Ohnmacht ist, und der Krieg ob des Fehlens des Rückbezuges auf die Politik auch seines möglichen Zweckes verlustig gegangen ist.[125] Kriegerische Gewalt jedenfalls ist destruktive Gewalt, und einmal ihres Zweckes beraubt, kann sie einen solchen nur im Sieg um des Sieges willen, und nicht im Frieden finden.

Die Feststellung, daß kriegerische Gewalt eine zerstörende Kraft ist, ist keine moralisierend wertende, sondern eine diese Kraft in ihrer Struktur bestimmende Behauptung, und schließt nicht aus, daß diese Gewalt einem bewahrenden oder schöpferischen Prozeß zu Diensten sein kann. Die Anwendung von staatlicher Gewalt, sei diese polizeilicher oder militärischer Art, kann nie unabhängig von dem Ziel, dem sie dient, bewertet werden. Doch die Dienstbarkeit von Gewalt rechtfertigt nicht zu meinen, sie sei als ein *Instrument* der Politik beherrschbar. Dies wäre ebenso falsch, wie im Fieber nicht seine verzehrende Kraft zu sehen, sondern es ausschließlich als ein Mittel der Heilung zu fassen, weil es mit seiner Wärme die Abwehrvorgänge des Körpers zu unterstützen vermag.

Sofern es jedoch zutrifft, daß Politik ein Abkömmling der Gewalt ist, ist *Friede* ein Akt der Balance zwischen Übermächtigkeit und Machtlosigkeit, in dem sich Politik als Macht hervorbringt. Übermächtigkeit ist, im Unterschied zur Übermacht, eine Form von Ohnmacht, ist doch Ohnmacht nicht Machtlosigkeit, *vielmehr* die Unfähigkeit zu einem effektiven Umgang mit Macht als einem politischen Mittel. Übermächtigkeit ist Macht, die sich selbst nicht mehr in der Gewalt hat, die nicht anderen, doch sich selbst gegenüber ohnmächtig ist. Ohnmächtigkeit mag Machtbesessenheit sein, die mit der Macht spielt und eine pathologische Freude an ihrem Einsatz *um ihrer selbst willen* hat. Als eine solche Ohnmacht sucht Macht ihre Kraft in der Gewalt und nicht im Argument darzustellen. Da aus dem Blickwinkel der Politik der Zweck des Krieges nur der Friede sein kann, und so Krieg, Friede und Macht eine Dreiheit bilden, ist der Krieg in allen seinen Formen nicht nur geprägt durch die Art des durch ihn gesuchten Friedens, er ist vielmehr ebenso Ausdruck der Suche eines Gleichgewichts von Übermächtigkeit und Machtlosigkeit. Die rohe Kraft der Destruktion, die sich in der kriegerischen Gewalt zeigt, mag durchaus der heilenden Kraft des Fiebers gleich sein und durch sie kann eine aus dem Gleichgewicht von Macht und Machtlosigkeit

geratene Politik ihre Korrektur erfahren, aber als ein der Politik über-
geordneter Zweck ist und bleibt sie destruktiv.

Dieselbe Gemeinschaftlichkeit des Handelns, die die Gewalt restringiert und dem Individuum sein gesichertes Dasein garantiert, ist
es, die die „physische Gewaltsamkeit"[126] als Macht des Staates gebiert. Wie der Staat im Inneren das *ius vitae ac necis* in Anspruch
nimmt, rechnet er sich nach außen das *ius belli et pacis* zu. Politik
als Kunst des Möglichen ist der Einsatz von Macht. Wo Politik das
nicht in ihrer Macht liegende will, will sie Krieg, entweder im Bewußtsein ihrer militärischen Macht, oder in der Erfahrung ihrer
Ohnmacht. Krieg als Politik ist Un-Politik, die die Grenzen des Möglichen überschreitet. Unerheblich ist hierbei, ob sie zur Überschrei-
tung ihrer selbst herausgefordert, gezwungen wird, oder ob sie ohne
Zwang diesen Schritt setzt. Politische *Ohn*macht, sei es als Übermacht, sei es als Mangel an Macht (Unmacht) angesichts einer wi-
derstehenden Macht, die sich als *Macht* zu behaupten sucht, ist die
Quelle, aus der Krieg entsteht. Von der politischen Ohnmacht ist die
militärische Ohnmacht zu unterscheiden, doch nur politisch ohn-
mächtige Macht ist gewalttätig und destruktiv. Nicht der politisch
Mächtige hat den Krieg nötig; er weiß seine Zwecke auch anders zu
erreichen. Militärische Machtlosigkeit mag die politische Ohnmacht
bedingen, sie selbst ist aber nicht mit dieser identisch. Der politisch
und militärisch Stärkere hat es in der Hand, Anlässe und Voraussetzungen eines Krieges zu schaffen, um so dem als schwächer Ein-
geschätzten seinen Willen aufzuzwingen, doch ist das Ausspielen
militärischer Überlegenheit in jedem Fall ein Zeichen *politischer
Schwäche*.

Diese Überlegungen treffen sich mit einem Gedanken von Clausewitz. Gerade weil Friede nicht konfliktfrei und Krieg ein Konflikt
unter Anwendung bewaffneter Gewalt ist, bemerkt er, was von vielen seiner Leser mißverstanden[127] oder als Witz aufgefaßt wurde,[128]
daß der „Verteidiger" als erster mit dem Krieg anfange:

*Wenn wir uns die Entstehung des Krieges philosophisch denken, so ent-
steht der eigentliche Begriff des Krieges nicht mit dem Angriff, weil dieser
nicht sowohl den Kampf als die Besitznahme zum absoluten Zweck hat,
sondern er entsteht erst mit der Verteidigung, denn diese hat den Kampf
zum unmittelbaren Zweck, weil Abwehren und Kämpfen offenbar eins ist.*

Das Abwehren ist nur auf den Anfall gerichtet, setzt ihn also notwendig voraus, der Anfall aber nicht auf das Abwehren, sondern auf etwas anderes, nämlich die Besitznahme, setzt also das letztere nicht notwendig voraus.[129]

Den Krieg philosophisch denken, heißt hier, ihn nicht seinen äußeren Ursachen nach, sondern in seiner Wirklichkeit denken. Tatsächlich kann dies aber nicht heißen, daß eine *Eroberung* friedlich erfolgt, wenn sich der Angegriffene nicht zur Wehr setzt. Das Ausbleiben einer militärischen Reaktion, d.i. der Gegenwehr mit Waffengewalt gegen einen bewaffneten Aggressor, nimmt einem solchen Vorgehen nicht seinen aggressiven Charakter. Eine „Aggression, gegen die kein Widerstand geleistet wird, bleibt doch Aggression, obwohl kein ‚Blut floß'".[130] Auch Clausewitz, der den Krieg einen „Akt der Gewalt" nannte, verstand unter Gewalt die Mittel, die einzusetzen sind, um den Widerstand des Gegners zu brechen. Die *Androhung* von Gewalt muß bereits im Sinne unserer Unterscheidung von *vis absoluta* und *vis compulsiva* als *Gewaltakt* verstanden werden. Der Tatbestand eines Aggressionskrieges ist demzufolge nicht an das Kriterium von Kampfhandlungen gebunden, denn die Androhung, „den Gegner zur Erfüllung unseres Willens zu zwingen,"[131] ist an sich schon ein Akt der Gewalt. Philosophisch gedacht entsteht der Krieg demnach aus der doppelten Unfähigkeit der Politik, aus der des Angreifers und der des Verteidigers.

Eine Untersuchung des Krieges erfordert es, das Verhältnis von Macht und Ohnmacht im gegenseitigen Widerstreit zu erfassen und den Nachweis zu führen, daß die Formen des Krieges von dem inneren Ungleichgewicht, den Extremen der Politik, dem Überwiegen der *Ohnmacht* über die Macht bestimmt sind. Krieg ist Ausdruck politischer Ohnmacht, wobei das Sich-dieser-Ohnmacht-Überlassen die Art und das Maß der Destruktivität des Krieges bestimmt. Politik ist die Kunst des Möglichen. Der Krieg als Instrument ist die Kunst dessen, was der Politik nicht mehr möglich ist, er ist die Kunst des Unmöglichen. Die Herausforderung, das Unmögliche zu vollbringen, besitzt eine Faszination – und das nicht nur für die Politik –, weil das Unmögliche in seiner Abstraktheit konkret werden zu lassen, für eine Höchstform von Freiheit und Schöpfertum gehalten wird.

V. Der Krieg als mögliche Unmöglichkeit

Wie es nie einen Staat gegeben hat, der sich nur auf Gewalt stützte, so auch keinen, der auf Gewaltmittel hätte zur Gänze verzichten können. Wenn Gewalt zur Macht des Staates gehört, doch diesen nicht definiert, stellt sich die Frage, welchem Zweck Gewalt dient, wenn sie dem Staat dient. Der Staat, so können wir, die unterschiedlichsten Verstehensweisen zusammenfassend, sagen, ist Antwort auf die Bedürftigkeit des menschlichen Daseins. In der Mehrzahl der antiken Staatskonzeptionen finden wir die Bedürftigkeit, *chereia* als ein fundamentales Moment menschlichen Daseins angesprochen. Die Sonderstellung des Menschen im Kosmos hervorhebend nehmen sie ihren Ausgang von der Überzeugung, daß der Mensch auf Mitmenschen angewiesen ist, und dies nicht nur wie das Tier auf den Geschlechtspartner oder auf die Elterntiere zur Aufzucht und zum Schutz vor Feinden und Gefahren der Natur. Der Mensch, weil er *Gemeinschaftswesen* ist, erreicht sein Menschsein nur in Gemeinschaft mit anderen Menschen. Er ist der Gemeinschaft nicht nur bedürftig, er *verhält* sich ausdrücklich zu seiner Bedürftigkeit, bedenkt, bespricht sie und arbeitet sie ab. Denken, Sprechen und Arbeiten sind die gemeinschaftlichen Lebensformen, aus denen sich der Staat entwikkelt. Staatliche Gewalt steht im Dienste des Entstehens und der Erhaltung dieser Lebensformen. Soll der Staat dem sich als Gemeinschaftswesen verstehenden Menschen zum Schutze seiner *Individualität* und ihrer Erhaltung dienen, muß diese im *gemeinschaftlichen Zweck* des Staates ihren Ausdruck gewinnen.

Die Beendigung des „Krieges aller gegen alle", der nach Hobbes' Vorstellung die menschliche Gesellschaft in ihrem Naturzustand bestimmte, mag durch den Verzicht der einzelnen auf Gewaltausübung zugunsten des Gewaltmonopols des Souveräns erfolgt und der vormals chaotische Zustand dem Staat gewichen sein. Was keinesfalls gelang, war die Abschaffung der Gewalt. Die Monopolisierung von Gewalt bedeutete eine Verwandlung des Kampfes eines jeden mit jedem in ein militärisch gemeinschaftliches Handeln. Der nur durch das Gewaltmonopol definierte Staat garantiert dem Bürger aber keineswegs eine Sinnerfüllung als Individuum, wie sie sich der antike Gedanke der *Bedürftigkeit* von der *Polis* als Gemeinschaft erwartete. Krieg im eigentlichen Sinne setzt nicht nur ein Gewaltmonopol, den Staat, voraus, vielmehr ist es für den Krieg als Krieg charakteristisch, als eine *gemeinschaftliche* Handlung nach *bestimmten Regeln* geführt zu werden, und daß der einzelne zu wissen glaubt, *wofür* er kämpft und stirbt.[132] Dieses Wissen geht von der Überzeugung aus, daß die eigene *Individualität* Grund und Erfüllung in der Gemeinschaft findet. Der Zweck des Staates erschöpft sich demnach nicht in der Restringierung von Gewalt, vielmehr ist er gesehen als die Bedingung eines gelingenden Lebens, im Sinne des neuzeitlichen Freiheitsbewußtseins sogar als Sinnerfüllung von Individualität.

1. Der Staat als Individualität

In der Neuzeit sehen Kant und Hegel anders als Hobbes individuelle Sinnerfüllung nur als möglich an, wenn *Individualität* ein *dem Staate selbst zugehöriges Moment* ist. Gleichzeitig verweist Hegel darauf, daß sie es ist, um derentwillen zwar nicht Kriege geführt werden, aber eine „gemeinsame Wehre und die Staatsgewalt" sich bildet.[133] Die konstitutive Funktion von Individualität ist es, den Staat nicht nur ein „Nebeneinander", eine Menge vieler einzelner sein zu lassen, sondern den Grund zu deren *Zusammenhalt* zu schaffen, die Identifikationsbasis für die einzelnen Staatsbürger, der Boden für deren Sinnfindung zu sein. Da es nicht schlechthin Aufgabe des Staates sein kann, den Bürgern ihren Lebenssinn zu verleihen, doch der Staat diesen zu ermöglichen hat, muß er sie mit einem Sinn vertraut machen, den zu leben sie suchen, aber ohne institutionalisierte Gemeinschaft nicht finden können. In einer ihm eigenen besonderen Leistung kann der Staat – über den Besitz des Gewaltmonopols hinaus – diese Aufgabe nur erfüllen, wenn er in seiner Individualität zugleich jenes Bewußtsein von Wahrheit und Gerechtigkeit wiederspiegelt, das der einzelne als sein Leben tragend erkannt hat.

Die *Besonderheiten*, durch die Staaten sich in ihrer Individualität untereinander unterscheiden, mögen in ihrer Bestimmtheit das Ergebnis von Zufall oder Willkür sein. Verknüpft mit der Geschichte eines jeden Staates sind sie das Medium, in dem deren Eigenart in Erscheinung tritt sowie anerkannt wird. Mithin ist die Individualität, aber nicht die *Besonderheit* eine Notwendigkeit, und kein Staat ist in seiner Ausformung absolut.

Wir wissen, daß die Uneinigkeit der Politik darüber, wie Gerechtigkeit zu gestalten, und Wahrheit inhaltlich zu bestimmen sei, für Hobbes die Forderung einer gänzlichen Trennung zwischen öffentlichem und privatem Lebensbereich zur Folge hatte. Anders als das antike und mittelalterliche Verständnis trägt die Hobbes'sche Staatsidee durch die Gewährung eines Reservats von Freiheit dem einzelnen und seinem Bedürfnis, der eigenen Überzeugung gemäß zu leben, ausdrücklich Rechnung. Wenn Entscheidungen, die die Allgemeinheit nicht tangieren, getrost der subjektiven moralischen Überzeugung anheim gestellt werden können, besteht für den einzelnen die Chance als Individuum, sich in einer von ihm selbst gewählten Besonderheit zu gestalten, seinem Gewissen Folge zu leisten. Das Gewaltmonopol hingegen ist öffentlicher Besitz und wird vom Staat verwaltet. Wer das Gewaltmonopol besitzt, besitzt auch das Monopol der Politik, zu entscheiden, was und wann etwas in die Befugnis des einzelnen fällt. Der liberale Staat versucht, anders als der *totale*, so wenig wie möglich seiner Herrschaft zu unterwerfen, doch schließt dies nicht aus, daß an der Stelle des offenen politischen Kampfes ein verborgener tobt, der sich der Ökonomie, ihres Einflusses auf den Arbeitsmarkt bedient und die Medien gefügig zu machen weiß. In einem solchen Staat bliebe der Masse seiner Bürger eine Sinnerfüllung verwehrt, und sie wäre zur „Fabrikware der Natur" degradiert. Wo die liberale Staatsauffassung zu kurz greifen mag, schießt der totale Staat fraglos über das Ziel hinaus, denn er meint nicht bloß besser zu wissen, worin der Lebenssinn jedes einzelnen besteht, er fragt gar nicht erst nach dessen Bedürfnissen.

Hätte Hobbes mit seiner Staatsauffassung recht, wäre Politik nur öffentliche Machtausübung und nicht eine Lebensform zum Zwecke der Gestaltung einer Gemeinschaft von Menschen als Individuen.[134] Die ausschließliche Zuweisung des öffentlichen Bereiches an den Souverän entzieht dem einzelnen jenen Boden, dessen er bedarf, um für sein Leben als Ganzes Sinn zu finden.

Das Recht auf Feigheit vor dem Feind, das Hobbes jedem Soldaten ebenso zusprach wie dem zum Tode Verurteilten das, sich der

Bestrafung zu entziehen, ist eine Konsequenz dieser Art seiner Trennung zwischen dem privaten und dem öffentlichen Bereich. Doch diese Trennung kehrt sich gegen ihre Intention: im gegenseitigen Bezug von Freiheit und Staat wird Macht nicht bloß höher bewertet als jede individuelle Gewissensüberzeugung, vielmehr wird diese in das Ghetto des Individuellen abgedrängt. Nicht einmal wert erachtet, bedacht zu werden, versteht es der Staat nicht, Recht und Ordnung als *Besonderung* und Ausdruck der Freiheit seiner Bürger an deren Verständnis von Freiheit auszurichten.

Selbst im Sinne von Hobbes ist eine solche Verhältnisbestimmung zwischen Freiheit und dem Recht des Staates nicht schlüssig. Ist ihm doch der Staat ein artifizielles Gebilde, seine Schaffung ein Kunstgriff zur Herstellung von Ruhe und Ordnung und nicht der Ort, an dem Freiheit als Wesen und Trachten des Menschen ihre Konkretisierung in der *Gerechtigkeit* und Gleichheit aller erreicht. So bleiben Gemeinschaft, und mit ihr Ordnung und Recht, letztlich auch der Staat, dem Individuum fremd und äußerlich. Was gewinnen wir, fragt schon Rousseau kritisch, wenn wir uns der Herrschaft eines solchen Staates unterwerfen, was vermag er, außer die bürgerliche Ruhe zu sichern:

> *Was gewinnen sie aber dabei, wenn die Kriege, die sein Ehrgeiz ihnen aufhalst, wenn seine unersättliche Habsucht und die Kungeleien seiner Minister sie mehr bedrücken als ihre eventuellen Meinungsverschiedenheiten? Was gewinnen sie, wenn diese Ruhe selber eine ihrer Nöte ist? Auch im Gefängnis lebt man ruhig. Genügt das aber, um sich darin wohl zu fühlen? Auch die Griechen lebten ruhig in der Höhle des Zyklopen, bis die Reihe an sie kam, verschlungen zu werden.*[135]

Ein solcher Staat, weil er über die Garantie friedlichen Zusammenlebens hinaus keinen Zweck erfüllt, wurde mit einem F. Lasalle zugeschriebenen und spöttisch gemeinten Begriff *Nachtwächterstaat* genannt, eine Art „höhere Wach- und Schließgesellschaft" wird er seitdem immer wieder genannt.

Die neuzeitliche Gegenposition ist nun nicht eine, die im Gegensatz zu Hobbes und dem Liberalismus dem Staat eine höhere Bedeutung zuspricht als der individuellen Freiheit. Von der antiken Staatstheorie hätte man dies noch behaupten können, nicht jedoch von der Kants oder Hegels. Sie lehnen es ab, zum einen das Verhältnis von Individuum und Staat als Alternative zu denken und zum anderen den einzelnen als atomare Existenz zu sehen, der gegen eine von außen auf ihn zukommende Widerwärtigkeit des Lebens im Staat den nötigen Schutz zu finden hofft. Ihre Absicht ist es, den Staat als Bedingung wie als Wiederschein von Individualität zu begreifen.[136]

In der Art, wie Hegel die Formen der Gemeinschaft, durch die Freiheit konkret wird, darlegt, widersprechen sie Hobbes' Vorstellungen und stellen die strikte Trennung zwischen staatlich und privat in Frage. *Familie* und *Gesellschaft* wären nach Hobbes jenem privaten Bereich zuzuzählen, der dem Einfluß des Souveräns entzogen ist. Für die Gesellschaft gilt nach Hegel wie Hobbes, daß in ihr „jeder sich selbst Zweck, alles andere [...] ihm nichts ist"[137], oder mit den Worten des letzteren ausgedrückt, Gesellschaft ist jene Form von Gemeinschaft, für die „die Freiheit des Menschen darin besteht, daß ihm bei dem, was zu tun er den Willen, das Verlangen oder die Neigung hat, nicht Einhalt geboten wird."[138] Nun ist gemäß Hegel die Gesellschaft aber nicht so privat zu denken, daß der einzelne den Umfang seiner Zwecke ohne den anderen erreichen könnte, vielmehr bedarf er dessen als Mittel zu deren Umsetzung.[139]

Hegel betont gegen Hobbes, daß der „selbstsüchtige Zweck in seiner Verwirklichung" ein System allseitiger Abhängigkeit begründe, das als äußerer Staat, als *„Not-* und *Verstandesstaat"* anzusehen ist, und zählt deswegen die „bürgerliche Gesellschaft" nicht mehr ausschließlich dem Bereich des Privaten zu.[140] Sie erstreckt sich, weil ich in ihr „meinen Zweck befördernd" das „Allgemeine" befördere und dieses wiederum meinem Zweck dient, bereits in den Bereich des Öffentlichen, den Hegel Staat nennt.[141] Wie Hobbes davon ausgeht, daß der private Bereich der der Freiheit ist, akzeptiert auch Hegel die bürgerliche Gesellschaft als Sphäre der Freiheit, weil in ihr jeder sich selbst Zweck ist und die Beschränkung, die dem einzelnen auferlegt wird, ihr Maß aus der Beförderung des Wohls eines jeden gewinnt, und weil sie es gestattet, von den Zufälligkeiten der „Geburt und des Glücks" sich freizumachen. Nicht schon in sich vernünftig, aber durch eine „hineinscheinende Vernunft" regiert, beschreibt er diese Gesellschaft, der das Ziel ihres Wollens das Wohl des einzelnen, und nur des einzelnen, ist.[142] Diese Vernunft repräsentiert für Hegel fraglos der Staat, den er als die „Wirklichkeit der sittlichen Idee"[143] versteht, sofern er eine höhere Stufe der Freiheit darstellt als Familie und bürgerliche Gesellschaft. Auf einer solchen Stufe muß der Mensch in seinen konkreten Lebensbezügen als wirklicher Mensch, der zugleich wirkender ist, als Angehöriger eines Gemeinwesens gesehen und erlebt werden, als einer, der auch als einzelner doch die Bande der Gemeinschaft nicht negieren kann. Hierbei darf der Staat nicht als eine über Familie und Gesellschaft schwebende Wirklichkeit betrachtet werden, denn er bringt diese aus sich hervor, um in diesen seine Wirklichkeit zu finden. Familie und bürgerliche Gesellschaft bilden den Staat, sind dieser jedoch nicht: Der Staat nun ist „das Nervensystem für sich, in sich organisiert; aber es ist nur lebendig, insofern beide Momente, hier die Familie und bürgerliche Gesellschaft, in ihm entwickelt sind."[144]

Hegels Verständnis des Staates als der Wirklichkeit der sittlichen Idee nicht zu widersprechen, kann keinesfalls heißen, im Staat deren Vollendung, noch den Höchststand im Fortschritt des Bewußtseins der Freiheit zu erblicken. Sittliche Wirklichkeit zu sein, fordert vom Staat schlicht, das *Miteinander* von Menschen so ermöglichen, daß er die „sich durchdringende Einheit der Allgemeinheit und der Einzelheit" darstellt, also eine Gemeinschaft ist, in der der Einklang der „subjektiven Freiheit als des individuellen Wissens und seines besondere Zwecke suchenden Willens" mit einem allgemeinen Willen nicht bloß postuliert ist, sondern wirklich wird[145]. Der Staat ist dann der Ort, an dem jedem einzelnen eine Gerechtigkeit widerfährt, die ihm nicht fremd ist, jeder in die Pflicht genommen wird, und alle Bürger die nötige Sicherheit wie den Schutz für ihre freie Entfaltung erfahren. Der einzelne ist dem Staat *Person*, wenn auch nicht einzelner als *Individuum* in seiner Besonderheit.

Im Begriff der Person ist unaufgebbar die Rechtsfähigkeit des Menschen als Menschen, das ist die aller Menschen, gesetzt, wenngleich von dem Faktum der *Besonderheit* jedes einzelnen, von der Zufälligkeit deren inhaltlicher Bestimmung, wie sie seine Individualität ausmacht, abgesehen ist. Die an sich unendliche Persönlichkeit des einzelnen in ihrer selbständigen Entwicklung, die in je unterschiedener Weise in der Familie und der bürgerlichen Gesellschaft zu tragen kommt, bedarf des Staates nicht nur als einer Kontrollinstanz zur Gewährleistung eines geordneten Miteinanders, viel mehr noch, sagten wir, zur Ermöglichung jener vitalen Kraftströme, die den sozialen Willen der einzelnen bestimmen. Aufgabe des Staates sei es, der Umsetzung dieser Besonderheit nicht nur Raum zu geben; er muß, um die einzelnen nicht eine Menge vieler einzelner sein zu lassen, die Identifikationsbasis seiner Staatsbürger abgeben und so sie in ihrer Sinnfindung als Individuen in ihm heimisch werden lassen.

Der Mensch als Individuum besitzt eine höhere Stufe des Sich-selbst-bewußt-Seins, als er als Person je haben kann[146]. Die Person entbehrt noch des Bewußtseins ihrer *Besonderheit*. Ihr Selbstbewußt-sein ist das eines „vollkommen abstrakten Ich, in welchem alle konkrete Beschränktheit und Gültigkeit negiert und ungültig ist":[147]

> *Es gehört der Bildung, dem Denken als Bewußtsein des Einzelnen in Form der Allgemeinheit, daß Ich als allgemeine Person aufgefaßt werde, worin ALLE identisch sind. Der Mensch gilt so, weil er Mensch ist, nicht weil er Jude, Katholik, Protestant, Deutscher, Italiener usf. ist.*[148]

Im Staat die Identifikationsbasis von Individualität zu sehen, heißt, in ihm mehr zu sehen als das Haus, in dem man wohnt und das sich jederzeit durch ein anderes ersetzen ließe. Nicht, daß man seine Staatsbürgerschaft nicht wechseln könnte, man kann dies ebenso wie die Religion. Doch ist ein solcher Wechsel mehr als ein formaler Akt und setzt einen Bruch mit dem Vertrauten, durch das man sich die Welt erschlossen hat, voraus und verlangt die Aufgabe eines Teils seiner bisherigen Individualität.[149]

Da die Individualität des Staates die konkreten Lebensbezüge seiner Individuen widerspiegeln muß, und er Moment auf dem Wege der Erreichung des Lebensziel des einzelnen ist, prägt deren Besonderheit die Individualität des Staates. In dieser Wechselwirkung vermag der Staat zur *Heimat* zu werden. Doch darf nicht übersehen werden, daß der Staat dem einzelnen immer als Übermacht entgegentritt und in ihm nicht nur Gleiches Gleichem begegnet, sondern Ungleiche über Ungleiche herrschen. Zur Vertrautheit des Heimatseins gehört auch die *Fremdheit*. Sie ist die eigentlich politische Kategorie und als solche Grundlage von Herrschaft. Als Spiegelbild des Menschen und seiner Zerrissenheit in Vernunft, Geist, Sinnlichkeit und Leidenschaft, Mann und Frau ist der Staat der Ort der Wiederherstellung des Entzweiten wie der Verfestigung der Unterschiedenheit. Durchstimmt von der *Sehnsucht* nach einem Ganzsein suchen wir in ihm Geborgenheit und Eintracht, die Überwindung von Gewalt; und indem wir Gewalt in Macht transformieren, bleibt sie uns doch fremd: Die Gesetze der Macht sind nicht die der Geschwisterlichkeit und Liebe, denn Macht besteht auf der das Menschsein begründenden Unterschiedenheit und auf dem Fixieren der Unterschiede. Sie ist, weil sie auf Rangunterschiede setzt, Herrschaft und ein Verhältnis zwischen Fremden. Die Gemeinsamkeit in der Besonderheit mag im Staate die Fremdheit überbrücken und lindern. Unvermindert und ungebremst mag sie sich in der Begegnung von Staaten zeigen, die in ihrer Daseinsweise nicht durch Herkunft und Sitte, auch Religion und Wirtschaft verbunden sind.

Heute verfügt unser Dasein über kein stehendes gleichbleibendes Gepräge von Besonderungen, es ist nicht mehr notwendig verankert in einem Sinn, der durch Moral, Mythen und Religion in seiner Selbstverständlichkeit geprägt ist. In seinem Tun orientiert sich der Mensch immer weniger an jenen Maßstäben, die über Jahrhunderte hinweg ihre Gültigkeit besaßen. Selbst die Religion, konstatierte schon Hegel, die lange als der feste Mittelpunkt in der Wandelbarkeit aller Verhältnisse und Zustände galt, ist als diese „Identität" entbehrlich geworden[150]. Für die Bestimmung der *Besonderheit* des Staates in seiner Individualität ist dies nicht ohne Rückwirkungen geblieben, und sie ist heute besonders schwierig, denn das moderne Verständnis von Freiheit ist „ein Wille zum Machen, ein Wille zum Existieren im Machen"[151], so daß der politische Wille nicht mehr von geltenden Ideen geleitet ist, sondern sich selbst als ein Herstellen versteht, für das sein Tun nicht mehr Mittel zu einem Zweck, sondern Selbstzweck ist. Wo der Weg das Ziel ist, wird das Haus *Staat* nicht zum Wohnen gebaut, sondern das Bauen ist schon die Weise des Wohnens:

Das Herrschen hat selbst eine dynamische Form gewonnen: Herrschen ist aktuelle Staatsbildung, nicht ein Regiment in einem fertigen Staate. Die Zeit der stabilen, fertigen, beharrenden Staatsgebilde ist vorbei. Der Mensch hat keine ewigen Maße mehr für seinen irdischen Aufenthalt.[152]

Seit der Mensch unter Einfluß des Deutschen Idealismus sich als Urheber und Produzent seines gesellschaftlichen Daseins entdeckt hat, ist die Überzeugung von der *Notwendigkeit* von Institutionen gewichen und das Bewußtsein einer, wenn auch endlichen doch schöpferischen Herstellungsmacht des Menschen hat Raum gewonnen. Fällt dem Menschen selbst die Verantwortung für die Gestaltung seines Daseins zu, so auch die Bildung und Ausgestaltung des Staates. Ob wir künftig in Nationalstaaten, in einem Weltstaat leben oder gar ohne Staat auskommen wollen, werden *wir* in unserer politischen Phantasie ausdenken müssen. Nur eines wird nicht möglich sein: die Identifikationsbasis aufzulösen, mittels derer der einzelne sein *Bedürfnis* zum Individuum als gemeinschaftliches Wesen zu werden, verwirklicht. Nicht der Kosmopolit wäre die Folge einer solchen Auflösung, denn auch er weiß um seine Heimat, sondern es werden die Menschen, denen sich der Staat in ihrer Identitätsbildung verweigert, dieses Bedürfnis auf andere Weise zu befriedigen suchen. Ideologien und wirtschaftliche Organisationen und Verbände, in denen sie meinen, ihre „corporate identity" zu finden, werden dann zu jenen werden, die sie beherrschen, und dies nicht notwendig zu ihrem Vorteil, eher zum Gewinn derer, die herrschen. Sich als Urheber gesellschaftlicher Institutionen begriffen zu haben, ist noch keine Garantie dafür, daß Kriege, die dann in die eigene Verantwortung fallend erkannt sind, weniger wahrscheinlich werden.

2. Der Krieg als Möglichkeit

Hobbes war der Meinung, wo es gelingt – für ihn war es durch die Schaffung des Staates gelungen –, das Miteinander menschlichen Zusammenlebens zu organisieren, dort habe sich der Mensch mit dem Widerspruch zwischen Herrschaft und Freiheit abgefunden: Doch Herrschaft, der ich mich, um dem vorzeitigen Tod zu entgehen, unterwerfe, wenn auch freiwillig, wird nicht zur Freiheit, sondern bleibt Herrschaft. Wo die Bedingung des Lebens die Umwandlung der menschlichen Freiheit in eine Übereinkunft ist mit dem alleinigen Zweck, das Überleben zu sichern, da steht weder die Sinnhaftigkeit individueller Selbstbestimmung zur Frage, noch die des Staates. Hobbes hatte gute Gründe für seine Lehre einer Restringierung des Staates auf die Erhaltung von Leben als solchem, ohne Hinblick auf ein individuelles Lebensziel und eine Lebensperspektive. Die Erfahrung eines Jahrhunderts, das von Religionskriegen um den Lebenssinn gekennzeichnet war, bestätigte ihn in dieser Überzeugung.

Hobbes beschreibt den „Krieg aller gegen alle" als einen Zustand, in dem jeder für sich selbst sorgt und vor allen anderen auf der Hut zu sein hat. Beachtet man, wie Hobbes im Staat ein Mittel zur Vermeidung des „Krieges aller gegen alle" sieht, oder erklären wir mit Rousseau den Staat zum Produkt eines Verfremdungsprozesses, so kommt dies nicht einer Verdammung des Krieges gleich. Die Beendigung des allgemeinen Krieges soll ja dem individuellen Eigennutzen dienen, und so versteht Hobbes eben die neue Weise von Krieg als ein politisches Instrument zur Förderung dieses Nutzens.

Kriege erzeugen in ihrer Mißachtung des „Individuellen" namenloses Elend. Gehören sie deswegen aber nicht zu den geschichtlichen Triebkräften des Fortschritts? Diese Frage mag gestattet sein. Politische Macht war ursprünglich kriegerische Macht, und der Staat ist eine Schöpfung des Kampfes auf Leben und Tod. Hobbes nannte es gemäß dem Naturrecht sogar legitim, gegen einen Feind, der einem Gemeinwesen zur Gefahr wird, Krieg zu führen.[153] Auch der Überbevölkerung der Welt zu begegnen, sah er im Krieg ein Mittel, wenn auch als „allerletzte Abhilfe", denn der Krieg sorgt für jeden „mit Sieg oder Tod"[154]. Dem Marxismus war der Gedanke des Krieges als eines Fortschrittes nicht fremd und auch andere meinten, dem Krieg in der Entwicklung der Geschichte einen Sinn zusprechen zu können.

Da, nach Hobbes, der Staat aus einer Vereinigung (*unio*) „einer *Menge* von Menschen"[155] besteht und durch Vertrag eines jeden mit jedem, also eines jeden als einzelnem Individuum mit einem anderen einzelnen Individuum gebildet wird, dient er ausschließlich dem Schutze der Lebensfristung jedes einzelnen. Jedes Staatsverständnis, das den Zweck des Staates aus dem Bedürfnis einer Erhaltung des Individuums erklärt, befindet sich jedoch in dem Dilemma, begreiflich machen zu müssen, daß der Staat auf das Leben seiner Bürger Anspruch erhebt. Ist es denn kein Widerspruch, von einem Individuum zu fordern, in Zeiten des Krieges sich der Gefahr, getötet oder verwundet zu werden, nicht zu entziehen, und gleichzeitig die Legitimität des Staates darauf zu gründen, daß der Staat für die Sicherheit seiner Bürger Sorge trägt und Gewalt unterbindet? Für die Hobbes'sche Staatstheorie, für die der Staat das Resultat von Furcht, und sein einziger Zweck die Gewährleistung der Sicherheit jedes einzelnen ist, ist diese Widersprüchlichkeit unauflösbar. Sie begnügt sich, darauf zu verweisen, daß das Individuum, indem es sein Leben der Gefahr aussetzt, sein Eigentum und seine Familie verteidigt.

Ein Denken, für das der Staat nicht dem menschlichen Dasein ursprünglich zugehörig, sondern bloß ein Instrument gegen die Wolfsnatur des Menschen ist, kann den Naturzustand zwar restringieren, aber nicht in einen *sittlichen* aufheben wollen. Es ist der Widerspruch eines solchen Wollens, daß der Besitz des Gewaltmonopols Krieg erst ermöglicht. Der Krieg aller gegen alle wird zugunsten eines Krieges der Völker und Staaten untereinander aufgehoben. Der Staat, dessen alleinige Aufgabe es ist, seine Bürger vor einem gewaltsamen Tod zu bewahren, führt sie gerade in diesen Tod. Wenn die Dynamik des Kampfes „eines jeden gegen jeden" selbst der dem menschlichen Leben inhärente Widerspruch ist, und zwar, gemäß Hobbes, ein Widerspruch zum ersten und grundlegenden Gesetz der Natur: „Suche Frieden und halte ihn ein"[156], so potenziert die Verwerfung der naturgegebenen Daseinsweise des Individuums als Individuum – die genaugenommen eine Beschneidung von dessen Kräften ist – diesen Widerspruch. Die hervorbringende Macht der Freiheit wird dem Individuum als einzelnem zugesprochen, während dem Staat als dem Allgemeinen nur die Rolle einer organisatorischen Klammer des Gesellschaftskörpers zufällt. Der Friede, den er sichert, ist erkauft durch den Verzicht auf eine allgemeine Ausdeutung von Freiheit.

In seiner Kritik des Hobbes'schen Staates[157] findet es Hegel eine „schiefe Rechnung", die Aufopferung des Individuums zum Zwecke der Sicherung des Lebens und Eigentums der Individuen zu sehen[158]. Er meint, Ziel eines Krieges könne dies nicht sein, denn es gebe risikoärmere Möglichkeiten. „Kämpfend zu sterben" heißt es in der *Rechtsphilosophie*, hätte etwas „Lächerliches" an sich, denn „das Mittel, der Tod, hätte den Zweck, Eigentum und Genuß, unmittelbar aufgehoben"[159]. Um der Eitelkeit der zeitlichen Güter willen lohnt es sich nicht, Individualität aufzuopfern. Krieg als ein kontinuierliches Moment in der Menschheitsgeschichte müsse daher – so das Argument – als Nichtigkeit betrachtet werden, wenn ihm nicht noch eine „höhere Bedeutung" zukomme.[160] Eine erste Antwort lautet:

Der Krieg [...] hat die höhere Bedeutung daß durch ihn, [...] ‚die sittliche Gesundheit der Völker in ihrer Indifferenz gegen das Festwerden der endlichen Bestimmtheiten erhalten wird, wie die Bewegung der Winde die

See vor der Fäulnis bewahrt, in welche sie eine dauernde Ruhe, wie die Völker ein dauernder oder gar ein ewiger Friede, versetzen würde'.[161]

In der Natur, so die Überlegung, ist alles, auch der Mensch, sterblich. Durch den Krieg wird der Natur dieser Gewaltakt abgenommen und zu einem Werk der Freiheit. Eine höhere Bedeutung kommt dem Krieg folglich nur dann zu, wenn er bei der Verwirklichung von Freiheit eine gewichtige Rolle spielt. Sofern der Staat Ausdruck des sittlichen Wesens der Freiheit ist und nicht nur eine Vereinigung (*unio*) „einer *Menge* von Menschen"[162], müßte der Krieg als ein Moment der Umsetzung von Freiheit begriffen werden. Voraussetzung ist, daß erst im Staat und durch seine Individualität die einzelnen ihre eigene Individualität gewinnen und, daß der Staat zu seiner Existenz des Krieges bedarf. Die Funktion des Krieges als sittliches Moment dürfte es dann nicht primär sein, Eigennutz und Eigeninteresse zu fördern, sondern diese zu transzendieren zur sittlichen Gesundheit der Völker, die ihrerseits die Bedingung der Gesundheit der ihren individuellen Lebenssinn suchenden einzelnen wären.

Im Krieg ein Mittel zur willkürlichen Vergrößerung von Staaten oder der Machterweiterung ihrer Herrscher zu sehen, wie in der Erhaltung von Eigentum als solchem, hat Hegel abgewiesen, obgleich er Eigentum die äußere Sphäre der Freiheit nennt. Die durch den Krieg ins Eigentum gebrachte Unsicherheit zeigt, daß Eigentum eine äußere Sache ist, die nur in abstrakter Weise den Sinn des Daseins ausmacht, sie zeigt auch, daß der Krieg gerade nicht das Medium des Erwerbes sein kann, da er, anders als der Vertrag, primär keine Sicherung des Erworbenen darstellt. Andererseits, wenn Krieg als politische Möglichkeit auch hinsichtlich des Eigentums einen Sinn besitzen soll, muß er eine Überbietung der partikularen Interessen des Individuums darstellen, oder, wie Hegel es ausdrückt: der Krieg muß der Versuch sein, „die Einwurzelung des einzelnen in sein Dasein, dies Auseinanderfallen des Ganzen in Atome" zu überwinden[163]. Dies darf aber nicht nur bezüglich des einzelnen Menschen als Individuum gelten, sondern auch für die Staaten, die ja in ihrer Selbständigkeit und Souveränität ebenfalls *Individualitäten* in Gemeinschaft mit anderen Staaten sind. Dem Krieg eine „höhere Bedeutung" zuzusprechen, birgt in sich die Gefahr, ihn als Mittel zu denken, und übersieht, daß gerade im Krieg die Fremdheit, die aus der Unterschiedenheit resultiert und Politik nötig macht, fixiert und zum Willen der Vernichtung erstarrt ist. Das Leben in Unterschieden ist nicht gut oder böse, ebenso wenig sind dies Eintracht oder Zwietracht, der Kampf ist Teil des Daseins und zu kämpfen ist notwendig, weil die Unterschiede und ihre Gegenspannung Wesensmerkmale unseres Daseins sind. In der Ununterschiedenheit wären weder Harmonie und Freundschaft noch *eros*, Solidarität und Frieden möglich. Der Krieg ist *nicht* deshalb schon schlechter als der Friede, weil er für Disharmonie und Zwietracht steht. Ihn so zu sehen hieße, die Notwendigkeit von Unterschieden und das Wesen der Macht zu verkennen. Die Gesetze der Macht sind eben nicht die der Mitmenschlichkeit und Liebe. Die Preisgabe der eigenen Individualität ist ebensowenig unter allen Umständen gut, wie Krieg in jedem Fall böse.

Das Wort von der höheren Bedeutung des Krieges und davon, daß er die Völker, wie die Bewegung der Winde die See, vor der Fäulnis bewahrt – hebt Hegel ausdrücklich hervor –, ist eine bestimmte Sicht des Krieges, „übrigens *nur* philosophische Idee oder, wie man es anders auszudrücken pflegt, eine Rechtfertigung der *Vorsehung* [...], und daß die wirklichen Kriege noch einer anderen Rechtfertigung bedürfen [...]"[164], steht außer jedem Zweifel. Hegel hat diese andere Form eines Verständnisses des Krieges in seiner Abhandlung über das „Naturrecht" beschrieben. Obgleich klar sein sollte, daß es um eine Erfassung der ontologischen Strukturen des Krieges und nicht seine moralische Bewertung geht, bleibt der Vergleich des Krieges mit einem frischen Seewind doch fremd, wenn auch nicht in dem Maße wie Hobbes Empfehlung, im Falle einer Übervölkerung sich des Krieges als *ultima ratio* zu bedienen: „Und wenn die ganze Welt übervölkert ist, dann ist die allerletzte Abhilfe der Krieg [...]"[165] Für Hobbes wie Hegel ist der Krieg ein *Übel*, obwohl sie versuchen, ihn geschichtsphilosophisch als zweckhaft zu fassen. Er ist ein Übel, dessen Auftreten nicht notwendig in sich sinnlos ist. Gleich einer Krankheit, die den Erkrankten Dimensionen des Lebens entdecken läßt, die ihm ohne die Krankheit verborgen geblieben wären, will Hegel nicht den Krieg, doch die durch ihn bestimmte Geschichte in ihrem Verlauf als in sich sinnvoll verstehen.

Wie verträgt sich der Anspruch des modernen Menschen auf Freiheit und Selbstbestimmung mit der durch die Existenz von Staaten erst hervorgebrachten Dimension *Krieg*? Worin besteht der Anreiz, die ursprünglich vorgesetzliche und individuelle Gewalt zu unterbinden, wenn an ihre Stelle eine Gewalt tritt, die in ihrer Entwicklung ein Instrumentarium hervorbrachte, mit dem sie nicht nur einzelne, sondern mit einem einzigen Schlag die Bewohner dieser Erde insgesamt, und das gleich mehrfach, zu vernichten vermag? Ist der Staat samt seinem durch ihn erst möglichen Übel, dem Krieg, notwendig oder gibt es eine Alternative zu dieser schon bei Platon und Aristoteles gedachten staatlichen Gemeinschaft als Bedingung der Möglichkeit der Sinnfindung des Menschen? Das Zusammenleben zu regeln und die Macht mit der Gerechtigkeit in Einklang zubringen, war als die Aufgabe der *Politik gesehen*. Wer hingegen der Gemeinschaft nicht bedurfte oder sie nicht übte, weil er sich in seiner Individualität selbst genug war und außerhalb des staatlichen Verbandes lebte, mußte – nach griechischer Auffassung –, „entweder ein Tier oder ein Gott" sein.[166] Aristoteles leitete diese Behauptung von einer Aussage Homers her, der den, der nicht zufällig außerhalb der *polis* lebt, als einen Menschen charakterisierte, der besonders kriegsgierig war, weil er wie ein isolierter Stein beim Brettspiel keinen Zug mehr tun konnte: „Ohne Geschlecht und Gesetz und ohne Heimat ist jener, welcher Gefallen findet am grausamen Bürgerkrieg."[167]

Sollte es nur gelungen sein, den *Bürgerkrieg* und nicht den Krieg schlechthin zu bannen? Eine solche Entwicklung wäre nicht ohne Hoffnung, denn Krieg hat heute einen Grundzug von Bürgerkrieg angenommen. Es ist dies zum einen die Folge der immer größer werdenden Mobilität, die ermöglicht, innerhalb von Stunden an jedem Punkt der Welt zu sein, der Schnelligkeit des Informationsaustausches, die es gestattet, alle Ereignisse nahezu zeitgleich mitzuerleben, und zum anderen der politischen Durchsetzungskraft der *Demokratie* mit ihrem Wissen um die Herstellbarkeit gesellschaftlicher Verhältnisse. Die Einsicht in die Machbarkeit von Friede führt nicht gleich zu einem Können, denn der Mensch, der dieses Wissen besitzt, bleibt doch der Negativität der Unterschiede ausgesetzt, letztlich dem *Nichts*, der eigenen Ohnmacht, und der Krieg bleibt ihm und seinem Handeln eine reale, wenn nicht sogar eine *notwendige Möglichkeit*. Der Staat stammt aus der kriegerischen Gewalt. Der Wille zur Macht hat ihn geschaffen, Arbeit hat ihn gestaltet, und Freundschaft und Liebe haben ihn wohnlich gemacht, wie sehr hängt jeweils davon ab, wie es gelingt, Gewalt zurückzudrängen. Da der Staat nicht nur seine historischen Wurzeln in der Gewalt hat, sondern diese ihn in der Form von Macht weiterhin durchwirkt, wird er sich des Krieges nicht entledigen können. Der Wille zur Macht ist ebenso Wille zum Krieg, und dieser bleibt als mögliche Notwendigkeit, auch wo er in seiner Unmöglichkeit demaskiert ist.

3. Die Unmöglichkeit des Krieges

Es überrascht nicht, meint Hegel, daß Kriege unter den Beteiligten eine gegenseitige Solidarität hervorbringen, wie sich eine solche sonst nur bei Naturkatastrophen oder Krankheit unter den Betroffenen einstellt. Die Not des Krieges läßt den Gemeinschaftscharakter menschlichen Lebens bewußt werden, sie setzt Werte frei, die im Frieden nicht zur Entwicklung kommen und verkümmern:

> *Im Frieden dehnt sich das bürgerliche Leben mehr aus, alle Sphären hausen sich ein, und es ist auf die Länge ein Versumpfen der Menschen; ihre Partikularitäten werden immer fester und verknöchern. Aber zur Gesundheit gehört die Einheit des Körpers, und wenn die Teile in sich hart werden, so ist der Tod da.*[168]

Ja, es mag eine allgemeine Beobachtung sein, daß in Friedenszeiten die Bereitschaft zur sozialen Gemeinsamkeit, wie sie sich auch in der Religion und in der Kunst ausdrückt, bis zur Desintegration abnimmt. „Warum nicht?", könnte man fragen. „Was ist das Gefährliche, wenn sich der Staat in eine Vielzahl von einzelnen auflöst und es Zusammenschlüsse sind, die den Schutz des Eigentums und der persönlichen Freiheit garantieren? Der Staat ist ein Werk des Menschen in der Sphäre der Macht und nicht er, sondern Gemeinschaft ist dem Individuum zu seiner Sinnfindung notwendig." Die Antwort lautet sehr oft: Dann wäre das *Interesse der einzelnen* der letzte Zweck, und zu dessen Durchsetzung würden diese alle Kraft aufwenden, ohne zur Rücksichtnahme auf andere gezwungen zu sein. Das Interesse des Ganzen, das aller, wäre nicht im Blick, es käme nicht zur durchdringenden Einheit der Allgemeinheit und der einzelnen, sondern zur Unterdrückung, zum Kampf einzelner bzw. deren Interessenvertretung gegen andere einzelne oder deren Gruppierung. Nicht die Freiheit aller, deren Verwirklichung Sinn und Zweck des Staates ist, sondern gerade Unfreihcit und gegenseitige Unterdrückung wären die Folge. „Aber warum nicht? Bringt nicht der Krieg ungleich mehr Leid über alle Menschen, als dies sozialer Egoismus und gesellschaftliche Unterdrückung je vermag? Oder ist der Krieg *Ausdruck* dieses Egoismus, eines Mangels an Solidarität?"

Wie zur Gesundheit eines jeden Menschen „die Einheit des Körpers" gehört und „wenn die Teile in sich hart werden [...] der Tod da" ist[169], so gehört zum gesunden Leben eines Volkes, aber auch der Völker untereinander die Einsicht in ihre *Aufeinanderbezogenheit*. Ähnlich wie Fieber *Ausdruck* der inneren Unstimmigkeit des Körpers ist, so ist der Krieg, gerade weil er seinem Wesen nach nicht Mittel ist, Ausdruck des Fehlens der Sozialität der einzelnen wie der Völker untereinander. Den Krieg ähnlich dem Fieber als Ausdruck eines Übels zu bezeichnen, vernicdlicht diesen weder, noch rechtfertigt es ihn, verweist vielmehr auf eine Verhärtung, eine aus dem Gleichgewicht geratene Gegenspannung von Übereinstimmung und Differenz zwischen Staaten. In Beantwortung der gestellten Frage ergibt sich: Nicht die Verfaßtheit in Staaten ist notwendig Ursache des Krieges, sondern diese kann ebenso in deren Bedeutungsverlust liegen.

Krieg ist ein *Übel*, selbst der gerechte Krieg. Für Hobbes und Rousseau ist er sogar ein *Übel des Übels*. Dies unterscheidet deren Staatsverständnis von dem Hegels. Der Gebrauch dieser Steigerungsform mag die äußerste Weise einer verachtenden Umschreibung sein, doch entschuldigt sie den Krieg sogleich wieder, weil sie in ihm *nur* die *Folge* eines anderen Übels sieht und ihn daher gar nicht in seinem Unwert begreift. Für Hobbes und Rousseau ist letztlich nicht der Krieg das Übel, sondern der *Staat*. Er wird als Übel betrachtet, weil er nur als Mittel gegen die Furcht vor einem gewaltsamen Tod gesehen ist, als ein unumgänglicher Notbehelf, geschaffen zur Gewährleistung der Sicherheit jedes einzelnen. Ist der Staat ein notwendiges Übel, das gar nicht bekämpft werden kann, so ist der Grund des Krieges nicht zu eliminieren. Die Marxsche Utopie einer Aufhebung des Staates, in der Absicht, den Krieg abzuschaffen, war in diesem Sinne durchaus folgerichtig. Der Unterschied zwischen Hobbes, Hegel und Marx besteht nicht in einer unterschiedlichen Einschätzung des Krieges, vielmehr in der diametral entgegengesetzten Sicht des Verhältnisses von Individuum und Staat. Eine Menschenmenge kann sich nach Hegel, anders als nach Hobbes, noch keinen Staat nennen. Wo einzelne als selbständige, voneinander unabhängige „Atome" gesehen werden, kann der Staat nur das Gehäuse von deren Zusammen an einem bestimmten Ort sein. Das Verhältnis der Staatsbürger untereinander wäre dann das von Erdäpfeln, die sich in demselben Sack befinden. Hegel hält dagegen, daß ein Staat ein Ganzes sei und als solches seine Individualität besitze.

Ist der Krieg gleich dem Fieber ein Übel, so ist er wie dieses Anzeichen einer Störung und deshalb der erste Schritt zur Gesundung. In dieser Perspektive mag er als ein unvermeidlicher Faktor in der geschichtlichen Weiterentwicklung, oder sogar als Triebkraft ihres Fortschritts gelten. Andererseits ist der Krieg ein Katalysator, der nicht erst, wenn seine Grammatik zur Logik der Politik wird, die zersetzende Kraft der Zwietracht zur Kraft der Zerstörung werden läßt. Den Krieg wie das Fieber als absolutes Übel zu betrachten, mag es gute Gründe geben, doch ihn als *absolutum* fassen zu wollen, heißt, ihn losgelöst von seinem Grund zu sehen. Krieg nur in seiner Erscheinung und nicht als Ausdruck politischer Ohnmacht zu bekämpfen, ist analog dem Kampf gegen die Hydra, der für jedes abgeschlagene Haupt zwei neue Köpfe nachwachsen. Der Krieg und sein Grund sind untrennbar miteinander verbunden. Krieg ist kein wünschenswerter Zustand, aber daß von seiner Vermeidung in jedem Fall die Heilkraft zu erwarten ist, die gelegentlich die Unterdrückung eines Fiebers hervorbringen mag, ist zu kurz geschlossen.

Schon der Vergleich des Krieges mit dem Fieber fordert, in ihm ein positives Moment zu finden. Ist es beim Fieber sein Beitrag zur Heilung von Krankheit, so wäre es im Falle des Krieges die Wiederherstellung – wie Hegel sich ausdrückte – der sittlichen Gesundheit der Völker, somit des Friedens. Friede steht für die gewaltfreie Kommunikationsfähigkeit der Bürger wie der Staaten untereinander. Solange der Krieg allerdings als ein Mittel der Politik, als ein einsetzbares Werkzeug gedacht wird, ist er in seiner Wirklichkeit, als *Verkehrung* des Friedens, nicht begriffen. Die *Möglichkeit* des Krieges, *die seine politische Unmöglichkeit* ist, wird verdeckt, denn ihn als Mittel zu denken, verwehrt es, ihn als Übel zu sehen läßt ihn „als äußerliche Zufälligkeit" erscheinen. Der Zweck heiligt die Mittel. Den Krieg als eine politische Zufälligkeit zu interpretieren, „welche [...] in den Leidenschaften der Machthabenden oder der Völker, in Ungerechtigkeiten usf., überhaupt in solchem, das nicht sein soll", ihren somit selbst zufälligen Grund habe, ließe es nicht zu, daß in ihm zu kämpfen eine „Pflicht" ist, in der sich die „substantielle Individualität, die Unabhängigkeit und Souveränität des Staates" erhält.[170]

Wenn Hegel das „sittliche *Moment des Krieges*" betont, so deshalb, weil er dessen Bedeutung nicht in politischen Aktionen wie der Ausdehnung von Staaten oder der Machterweiterung ihrer Führer sehen will. Nicht, daß Kriege nicht aus solchen Überlegungen geführt würden, doch können Vergrößerung des Besitzstandes und Machtzuwachs für sich genommen nie den Wert der Leben, die hierfür geopfert werden, aufwiegen. In diesem Sinne ist und bleibt der Krieg eine *Unmöglichkeit*, er bleibt für den Staat, was das Fieber für den Körper ist: eine das Leben zersetzende Kraft. Doch wie es der „verborgene Sinn" der Krankheit sein mag, den Körper in seiner ureigenen Gesundheit sich zeigen zu lassen, so der des Krieges, den Staat in seiner Stärke und Notwendigkeit zu erweisen[171]: „Die Gesundheit eines Staats offenbart sich im allgemeinen nicht sowohl in der Ruhe des Friedens als in der Bewegung des Kriegs [...]."[172]

Wie nur ein gesunder Körper an einer Krankheit erstarkt, so hält nur der gesunde Staat den Krieg durch und mag durch ihn gestärkt werden. Doch gilt dies auch für Kriege, die gar nicht mehr als *möglich* gedacht werden können, sei es, weil in ihnen die Grammatik zur absoluten Destruktion mutiert und an die Stelle der Logik tritt? Wäre dann der Staat nicht schon durch das Außer-Kraft-Setzen seiner Logik zerstört und nicht erst durch Feindeinwirkung? Diese Frage richtet sich an Hegel und andere, die ähnlich wie er denken. Sie haben die Janusköpfigkeit des Krieges so wenig verkannt wie Clausewitz, wenn er auch die Möglichkeit des Überhandnehmens des Krieges über den Staat nicht wahrhaben wollte, sie lebten aber in der Überzeugung, daß der Krieg der Zukunft ein „gehegter Krieg" sein und nach allgemeinen Grundsätzen der Moral und des Völkerrechts ablaufen werde. Ein Beispiel dieser Einschätzung des Krieges findet sich in Kants Erörterung des Begriffes des *Erhabenen*:

Selbst der Krieg, wenn er mit Ordnung und Heiligachtung der bürgerlichen Rechte geführt wird, hat etwas Erhabenes an sich und macht zugleich die Denkungsart des Volks, welches ihn auf diese Art führt, nur um desto erhabener, je mehreren Gefahren es ausgesetzt war und sich mutig darunter hat behaupten können: da hingegen ein langer Frieden den blo-

ßen Handelsgeist, mit ihm aber den niedrigen Eigennutz, Feigheit und
Weichlichkeit herrschend zu machen und die Denkungsart des Volks zu
erniedrigen pflegt.[173]

Wie für Kant der Widerstreit der Vernunft der Antrieb zu einem System war, das in der höchsten Gesetzmäßigkeit die höchste Ordnung findet, so war ihm der Krieg der geheime Motor der politischen Entwicklung zu einer Gesetzmäßigkeit, die zugleich die höchste Freiheit gewährt. Der Krieg als Korrektiv bewirkt nach Kant, was der Handelsgeist, der seinen Ursprung in der Freiheit als Willkür hat, nicht vermag: das Bewußtsein von der notwendigen Solidarität aller mit allen, letztlich mit der Menschheit insgesamt, herzustellen. Zwar ist der Handel am Frieden interessiert, gerade weil er sich seit jeher grenzüberschreitend orientiert, doch die internationale Ausrichtung des Geldes befördert nicht auch schon Freiheit, so daß eine „rechtliche Friedensordnung [...] gerade jene Asymmetrien auszugleichen" hat, „die durch die international ausgerichtete Dynamik des Handelsgeistes immer wieder neu geschaffen werden."[174] Wenn daher der Krieg als *politische Ohnmacht* erfahren wird, tritt die Forderung seiner Vermeidung und das Bewußtsein der Notwendigkeit einer Ordnung auf, welche die *Dynamik* des Krieges in eine des Friedens, der Wirtschaft, des Wohles aller umsetzt. Das Wort vom Krieg als etwas „Erhabenem" erinnert daran, daß, anders als jedes existentiell enthusiastische Verständnis des Krieges diesen je sieht, seine Möglichkeit und Unmöglichkeit untrennbar miteinander verbunden sind, und das „Gemüth" vom Krieg als erhabenem Gegenstand „nicht bloß angezogen, sondern wechselweise auch immer wieder abgestoßen wird".[175]

Den Krieg als Läuterung nicht als Instrument sondern existentiell zu verstehen, muß nicht heißen, in ihm ein „neues Pfingsten" oder die „Offenbarung des lebendigen Gottes" zu erleben[176]. Diese Auffassung war der Versuch vieler Intellektueller zur geistigen Bewältigung des Krieges, zur Zeit des Ersten Weltkrieges. Georg Simmel meinte im Krieg einen Befreier zur „existentiellen Eigentlichkeit" entdeckt zu haben, und Max Scheler die Existentialisierung der Nation. Auch Werner Sombart hat in seiner Schrift *Händler und Helden*[177] sich gegen ein instrumentelles Kriegsverständnis gewandt und dem „Händler", vor allem dem englischen vorgeworfen, da er „keine anderen Interessen als die materiellen kennt ..." Das Gesagte ist richtig, aber

hat nicht mehr Wahrheitsgehalt als die Beobachtungen, die der kriegs-
kritisch eingestellte Erich Maria Remarque in seinem Roman *Im
Westen nichts Neues* oder Arnold Zweig in dem Buch *Der Streit um
den Sergeanten Grischa* als *Eigentlichkeit* des Krieges wiedergeben.
Sie schildern wie Ernst Jünger in der Abhandlung *In Stahlgewittern*
den einzelnen Soldaten und ziehen den Blick auf individuelle Schick-
sale. Die Frage nach dem Sinn von Krieg stellt sich hier mit Vehe-
menz für den Leser, wenn beispielsweise in Remarques Roman dem
Tod des Erzählers die lakonische Feststellung des Heeresberichtes
zu diesem Tag gegenübergestellt wird: „Im Westen nichts Neues".
Ebenso auch bei Jünger, der den Krieg als schicksalhaftes Naturer-
eignis faßt und zeitgeschichtliche Bezüge, militärstrategische Zusam-
menhänge und den politischen Kontext teils ganz ausblendet. Die
Untrennbarkeit von politischer Möglichkeit und Unmöglichkeit, die
den Krieg bestimmt, weil er eine Höchstform von Dynamik besitzt
und innere Kräfte freisetzt, die der Friede nur schwer zu nützen weiß,
läßt ihn zum größten Abenteuer des Geistes, aber auch zum größten
Leid aller Menschen werden. Selbst die kriegskritische Literatur, die
den Krieg keinesfalls verklärt, umgibt den Soldaten mit einem Nim-
bus, der sein Schicksal ergreifend macht.

Der Krieg führt nicht nur zur Gesundung, sondern läßt auch den
schlimmsten Leidenschaften im Menschen freien Lauf[178]. Diese Kehrseite des Krieges ist den Philosophen nicht entgangen, und die Frage
einer Gegenstrategie, wie nicht nur Kants Schrift *Zum ewigen Frieden* zeigt, wiederholt aufgeworfen worden. Der Hintergrund ihres
Geschichtsoptimismus ist, bei allem Wissen um die Abscheulichkeit
des Krieges, ein Vertrauen in den Gang der Geschichte und in die
*Vernunf*t, das Leid und Zerstörung nicht die letzte Antwort sein läßt.
Dies ist eine Überzeugung, die wir heute nur schwer zu teilen vermögen, doch ohne die uns nur die Resignation bliebe.

Der Frage nach einem Ziel der Geschichte, für das es sich zu sterben lohnt, steht die Frage entgegen, ob es sich lohnt, ohne ein solches
zu leben. Das allgemeine Bewußtsein am Anfang des 21. Jahrhunderts ist sich eines Zieles der Geschichte nicht mehr sicher. Die Angst
vor der möglichen Offenheit ihres Endes verstärkt die Angst vor der
Sinnlosigkeit des Lebens wie des Todes, vor allem des gewaltsamen.
Hegel setzte noch bei der Betrachtung des Zerrissenseins des Menschen, das die Ursache auch des Krieges bildet, zur Überwindung

dieses „unglücklichen Bewußtseins" auf die Vernunft. Was dem Bewußtsein sein wesenhaftes Unglück ist, ist die Unterscheidung seiner selbst in Herr und Knecht, so daß es ihm nicht gelingt, *solidarisch* zu sein, sich im anderen zu finden und in ihm anzuerkennen. Der Gegensatz, bis zum äußersten radikalisiert, schlägt so in Hegels Darstellung des Entwicklungsganges des Bewußtseins unter der Erfahrung letzter Not um in das Glück, das Vernunft heißt. Vernunft ist für Hegel das wirkliche und gelingende Bewußtsein als Selbstbewußtsein. Indem der einzelne verzichtet, sich in seiner Einzelheit zu behaupten, erfährt er seine Individualität in der Gegenseitigkeit einer alles umspannenden Gemeinschaftlichkeit, in der letztlich alle Individualität, auch die des Staates, umgriffen ist. Die Voraussetzung ist die Erfahrung, daß der Mensch als Selbstbewußtsein nicht wie Dinge neben anderen Dingen, sondern durch sie und mit ihnen in *Gemeinschaft* mit anderen. Ohne Gemeinschaft, ohne die Individualität des Staates, Volkes, der Gesellschaft und der Familie kann der einzelne in seiner Wesenheit sich nicht erkennen und nicht leben. Freilich ist nicht gesagt, daß es der Mensch selbst ist, „der aus dem unglücklichen Bewußtsein herauskommt". Wer sagt denn – Hegel sagt es nicht –, „daß der Mensch das ständige Subjekt aller dialektischen Erfahrungen bleibt [...]".[179] In der bisherigen Geschichte unseres abendländischen Denkens war dieser Optimismus durch die Religion vorgegeben. Mit der Privatisierung von Religion wird dem Staat, auch dem liberalen Rechts- und Verfassungsstaat, die Voraussetzung entzogen, aus der heraus er lebt. Für Nietzsche gewinnt der Mensch die Aufhebung des Zerrissenseins durch die Einsicht, daß das Leben der letzte und höchste Grund aller Werte ist. Der Wille zur Macht ist Wertsetzung des Lebens und zeigt sich als Macht und Ohnmacht. Die Ideologien des 20. Jahrhunderts, die das Vakuum, das durch das neue Selbstverständnis und durch den Verlust der Bedeutung der Religion entstanden ist, füllen wollten, scheiterten als Terror, weil sie meinten, sie selbst stellten die Einheit von Staat und Religion dar, oder sie besaßen nicht die Führungskraft, die Erosion des Politischen aufzuhalten und zu verhindern. Die Politik wurde mehr und mehr von wirtschaftlichen und technischen Sachzwängen abgelöst. Dies gilt auch für den Umgang mit dem Krieg. Faktisch ist es nicht so, daß Politiker, auch europäische, den Krieg nicht als ein Instrument betrachten. Sie mögen dies aufgrund der allgemeinen Bewußtseinslage halbherzig tun, denn mehr läßt der Vorwand, die Menschenrechte zu schützen, nicht zu. Aber auch derentwegen könnte ein Krieg nur die ultima ratio sein. Diese äußerste Notwendigkeit festzustellen, bedürfte es jedoch einer Sinnorientierung, die die Politik in ihren Entscheidungen motivieren und legitimieren müßte. Es ist das Unglück des Bewußtseins unserer Zeit, daß der desillusionierte, um seine Endlichkeit wissende Mensch seine Orientierungslosigkeit mit nihilistischer Gleichgültigkeit hinnimmt, ohne über sie nachzudenken und sie zum Ausgangspunkt einer ausdrücklichen Auseinandersetzung werden zu lassen. Vielleicht ist das menschliche Dasein in seiner Geschichte und Gegenwart doch vernünftiger und in sich sinnvoller als es erscheinen mag? Kriege würden in diesem Wissen nicht sinnvoller sein, nicht auszuschließen ist aber, daß sie weniger werden, denn, wo das Dasein vom Wissen um seinen Sinn als Leben bestimmt ist, müssen die Gründe, es zu riskieren, sehr gute sein.

Clausewitz konnte – weil ihm der Staat nicht zur Disposition stand – mit gutem Gewissen davon sprechen, daß der Krieg die „Fortsetzung des politischen Verkehrs mit Einmischung anderer Mittel"[180] sei, eine Verstehensweise, die auch heute immer wieder kritisiert wird.[181] Was aber, wenn der Krieg tatsächlich nicht bloß ein Mittel der Politik ist und die Behauptung, er sei gleichen Ursprungs wie diese und tatsächlich Ohnmacht, oder in ihrem Wesen schon beschlossen, richtig? Lenin meinte dies. In seiner Annahme, „die Politik hat den Krieg erzeugt",[182] wird er von Carl Schmitt bestätigt. In der Schrift *Der Begriff des Politischen*,[183] hatte dieser die Unterscheidung zwischen Freund und Feind zum Kriterium des Politischen erklärt. Es mag zutreffen, daß, wenn es Politik geben soll, der Krieg als „die äußerste Realisierung der Feindschaft", „als reale Möglichkeit vorhanden" bleiben muß,[184] doch nur als Möglichkeit. Politik erschöpft sich nicht in der Wirklichkeit von Macht, vor allem von kriegerischer Macht. Zur Politik gehört ebenso Machtverzicht, der Ausgleich und der Kompromiß. Die Gefahr, die vom Krieg ausgeht, daß seine Grammatik zur Logik wird, verbietet, ihn als eine politische Möglichkeit, zwingt vielmehr, ihn als eine Unmöglichkeit zu denken. *Den Krieg als unmöglich zu denken, besagt nicht, daß er in seiner Unmöglichkeit nicht doch möglich ist.* Die Hoffnung, daß Kriege nicht nur in ihrer Unmöglichkeit gedacht werden, sondern, daß auch ohne Krieg gelebt wird, setzt auf die Bereitschaft, sich aufzuopfern und zu kämpfen, wo nur die Überwindung der Furcht vor dem Tode Leben bewahren kann. Dies mag ein „Widerspruch" oder, wie Clausewitz es nannte, ein „Halbding" sein, aber nicht des Krieges, sondern eines des Lebens, und die Politik muß suchen, diesen Widerspruch zu lösen, will sie sich nicht als ohnmächtig erweisen.

Verändert hat sich nicht nur das allgemeine Lebensverständnis, gewandelt hat sich auch der „Krieg" und die Weise, in der er geführt wird. Der Wandel in der Kriegführung, der es noch schwerer macht, Kriege von perversem Morden zu unterscheiden, mag dazu beitragen, daß dem gegenwärtigen Menschen der Gedanke der Sinnhaftigkeit eines Krieges genommen ist. Man könnte dies begrüßen, wäre die Unfähigkeit, im Krieg noch einen Sinn zu finden, nicht Ausdruck eines schier unlösbaren Dilemmas. Der Mangel einer Sinnorientierung, vor dem die Politik steht, hat auf diese selbst wie auf den Staat eine zersetzende Rückwirkung. Gehört es doch zum Wesen der Politik, auf Zukunft und damit auch auf deren Sinnhaftigkeit zu setzen.

Krieg setzt an die Stelle des Rechts die Gewalt, und auch ein durch diese bewirkter Friede bleibt in allen seinen Verästelungen bis in die Rechtssysteme ein Abkömmling derselbe. Das Ruhen der Waffen und die Akzeptanz einer durch sie erzwungenen Ordnung ist noch nicht Friede. Die Logik der Ohnmacht unterstrickt jeden Frieden, nicht alleine den gewaltsam hergestellten. Ihr zu wehren, ist es nötig, die Kraft der Gewalt, die gleichsam den Unterfaden alles Gewirkten bildet, in ein gestaltendes Tun umzusetzen. Friede ist nicht die Festschreibung bereits durchlaufener Zustände, sondern er fordert eine Dynamik des Lebens, die Umsetzung jenes Potentials an körperlicher und geistiger Kraft, die sich der Krieg in seiner destruktiven Offenheit und Freiheit zur eigenen Perpetuierung zu nutzen weiß. Wo alles Tun des Menschen von einer umfassenden Wirklichkeit umgriffen gesehen wird, durch einen göttlichen Heilsplan umgrenzt, da mag das Abenteuer, den Kräften des Lebens Raum zu geben, ein geringes sein, verglichen mit jenem Wagnis, dessen Möglichkeiten nicht mehr eingeschränkt sind durch die Grenzen des Tunkönnens. Hier findet der Mensch in seiner Freiheit sich in einer unbegrenzten Welt lebend, in der nicht nur alles, was möglich ist, auch wirklich werden kann, sondern alles als möglich zu denken ist, was für unmöglich gilt, nicht zuletzt auch ein Krieg, der von seiner Möglichkeit her gar nicht mehr als wirklich gedacht werden kann.

VI. Grundgestalten des Krieges

Nicht nur wenn Krieg „eine bloße Fortsetzung der Politik mit anderen Mitteln ist", müssen die Prinzipien, nach denen Kriege entstehen und Friede geschlossen wird, selbst Wesensmerkmale von Politik und Herrschaft sein. Obgleich Herrschaft Macht ist, und Politik als Formung des Gemeinwillens Gestaltung von Macht, sind Krieg und Friede gegeneinander nicht indifferente Formungen ein und desselben Prinzips, nämlich des Kampfes. Zwar muß auch der Friede erstritten werden, aber Krieg ist, unabhängig von Niederlage oder Sieg, immer ein Scheitern der Politik, des Versuches der Umwandlung von Gewalt in Macht. Friede hingegen ist ein Erfolg von Politik, auch wo er die Folge von Krieg ist, denn alleine das Fehlen von Kampfhandlungen macht noch keinen Frieden. Friede beruht auf Verhandlungen, selbst der Unterwerfungsfriede, anders als der Terrorfriede, ist trotz des Ungleichgewichtes der Partner an Macht ein politischer Friede. Der Terrorfriede ist Ausdruck der Ohnmacht der streitenden Parteien gegeneinander, sie würden, wenn sie könnten, den Gegner tödlich treffen. Im „idealen Terrorfrieden", schreibt Aron, „gäbe es zwischen den Rivalen keine Ungleichheit mehr", da jeder der Gegner beispielsweise „thermonukleare Bomben besitzen würde, die Millionen Opfer verursachen würden, wenn sie auf die Städte des anderen fielen".[185]

Kein politischer Friede ist auch der dem Terrorfrieden entgegengesetzte eschatologische Friede. Er beruht nicht auf Machtverhältnissen, sondern ist als Machtverzicht gedacht. Wenngleich der eschatologische Friede in diesem Punkt mit dem Terrorfrieden, der die Folge fehlender Macht ist, übereinstimmt, so unterscheiden sich beide doch darin, daß im eschatologischen die als Ohnmacht begriffene Macht nicht ins Destruktive gewendet, sondern als Chance auf Zukunft hin erfaßt wird. Freilich, solch ein Wagnis des Lebens, in dem dieses sich aufgibt und doch nicht an sich verzweifelt, ist getragen von einer Hoffnung auf eine Macht, die stärker ist, als je Gewalt es sein kann. Dolf Sternberger läßt deswegen keinen Zweifel aufkommen, daß ein solcher auf Gewaltverzicht beruhender Friede nur in einer Situation erreicht werden könne, die eschatologischen Charakter hat. Er ist nicht politisch herstellbar, und Politik muß sich in jedem Versuch, ihn herzustellen, als ohnmächtig erweisen. Konkret beruht ein solcher Friede, wie Sternberger schreibt, auf Einung, *communio*, und nicht auf *communicatio*, Einigung. Mit anderen Worten, der eschatologische Friede hänge als irdischer Friede von *Bekehrung* ab, wogegen der politische Frieden auf Vereinbarung und Verständigung beruhe.[186]

Die Geschichte des Völkerrechts ist eben nicht, wie Carl Schmitt einmal mißverständlich schrieb, „eine Geschichte des Kriegsbegriffes", denn das Völkerrecht ist entsprechend Schmitts nachfolgender korrigierender Hinzufügung „ein ‚Recht des Krieges und des Friedens', *ius belli ac pacis*".[187] Die Geschichte ist beides, Geschichte des Krieges und des Friedens. Gefragt kann werden, ob der Krieg gegenüber dem Frieden einen Vorrang besitzt, ob notwendig er die treibende Kraft der Geschichte ist. Heraklits Wort vom Krieg als dem Vater aller Dinge belegt eine solche Tatsache noch nicht. Heraklit meint ja zudem mit dem Begriff *polemos* den Kampf, den Streit, die Macht der Unterscheidung, jenen Kampf, der die Unterschiede setzt, nicht nur die zwischen Menschen, auch die zwischen Menschen und Göttern.

Die Gewalt, die Politik aus sich hervorbringt, ist nicht identisch mit jener ursprünglichen, die zu bändigen politisches Handeln gleichsam erfunden wurde. Im Prozeß ihrer Verstaatlichung hat Gewalt eine qualitative Veränderung erfahren. Sie weiß sich nicht nur taktisch und strategisch auszulegen. Ihre politische Ermächtigung zur Macht legitimiert sie in ihrer Destruktivität und läßt diese selbst als politische Leistung erscheinen. Da es einen Unterschied macht, die Destruktion politisch von der Macht und der Steigerung der Macht oder der Ohnmacht herzuleiten, sind die Gestaltungen des Krieges auch unterschiedlich.

1. Formen des Krieges

Eine Untersuchung der verschiedenen Formen des Krieges darf nicht darüber hinwegsehen, daß diese einen Bezug zu eben solchen Formen des Friedens besitzen, wenngleich es den Begriff „Friede", anders als den Begriff „Krieg" nicht im Plural gibt. Maßgebend mag hierfür sein, daß Friede Ausdruck der Balance von politischer Macht und Ohnmacht ist, unabhängig davon, welcher Art die diesen Ausgleich bewirkenden Kräfte sind. Bei jeder Charakterisierung unterschiedlicher Kriegsformen ist zu beachten: Der Krieg wurzelt, wie Kant es nannte, in der „ungeselligen Geselligkeit" des Menschen. Die Zähmung der dieser inhärenten Gewalt, deren Umwandlung in Macht, um den Kampf aller gegen alle zu unterbinden, schafft jenen Boden, auf dem, in der Gemeinschaftlichkeit des Staates und staatlicher Gewalt, der Kampf zum Krieg sich zu steigern vermag.

Aufbauend auf die Differenzierungen des Friedens- und des Kriegsbegriffes von Raymond Aron unterscheidet Helmut Kuhn in seiner Arbeit *Der Staat*[188] drei Grundgestalten des Krieges. Seine Terminologie aufnehmend werde ich versuchen, am Wechselspiel von Macht und Ohnmacht deren Unterschied zu illustrieren. Damit ist noch nicht gesagt, daß die Übernahme der Systematisierung von Kuhn und Aron auch Zustimmung zu den Prinzipien ihrer Herleitung bedeutet.

Es soll nicht unerwähnt bleiben, daß, weil im ersten Typus, dem „heroischen Krieg", die kriegerische Herrschaftsordnung als Lebensordnung, der Staat primär als Staatsvolk zu sehen ist, aber auch der Identität von Volk und Heer wegen die Spannung zwischen politischer Macht und Ohnmacht nicht zum Tragen kommt. Augenscheinlich ist das Grundverhältnis von Macht und Ohnmacht für den zweiten Typus, den „imperialen Krieg". Die Fassung der Herrschaftsordnung als Rechtsordnung ist das besondere Kennzeichen dieser Kriegsform, widerspiegelt sich doch im Recht die Umwandlung von ursprünglicher Gewalt in Macht. Bezüglich des dritten Typus, des „ideologischen Krieges", ist Kuhn zuzustimmen, daß ein solcher Krieg diesen letztlich ad absurdum führt, weil er zu einem sich selbst „durchschauendenden und zugleich perpetuierenden Wahnsinn"[189] wird. Der ideologische Krieg wird möglich durch einen Verzicht des Staates auf Macht und deren Verlagerung zu den ihm vorgeordneten Sozialgebilden. Wenn die nachfolgenden Ausführungen versuchen, die drei Typen des Krieges geschichtlich einzuordnen, heißt dies nicht, daß sie so tatsächlich historisch lokalisiert werden können. Sie sind nicht als einander ausschließend gedacht, sondern in jedem Krieg können sie in verschiedenen Konstellationen als dessen Momente vorkommen.

Der Krieg als *heroischer Krieg* ist kein Kampf zwischen Staaten, sondern in erster Linie eine Auseinandersetzung zwischen Völkern oder Herrschaftsbereichen, die sich ihrerseits meist in einem staatsgründenden Prozeß befinden. Die Form der „Kriegführung" ist noch stark von natürlicher Gewalt bestimmt. Eroberung und Landnahme sind für einen solchen Vorgang, der sich wohl nicht im Sinne von Hobbes und Rousseau als Vertrag, viel eher als Gewalt, vollzogen hat, charakteristisch. Der Kampf ist die entscheidende Lebensäußerung des Staates. Gekämpft wird gemeinschaftlich mit allen kriegerischen Mitteln in einer Auseinandersetzung auf Leben und Tod eines Volkes. Ziel ist die Errichtung einer Herrschaftsordnung, „einer stammesmäßig dicht verfugten Lebensgemeinschaft, die erst die Rudimente von institutionalisierter Rechtseinrichtung"[190] zu entwickeln hat. Für einen solchen Typus von Krieg, der seinem Wesen nach beständiger Kampf ist, kann der Streit der Gallier und Germanen, wie wir sie aus den Schilderungen von Caesar und Tacitus kennen, genannt werden. Tacitus hebt ausdrücklich hervor, daß es das Beispiel der Tapferkeit ist und weniger Macht und Gewalt es sind, die den Führern bei den Germanen Anerkennung und Gefolgschaft sichern.[191] Der Kampf ist die entscheidende politische Tugend und politische Macht vornehmlich kriegerische. Herrschaft beruhte in archaischen Gesellschaften auf dem Schwert. Die Medizinmänner, die Priester sind nicht ohne Einfluß, wie auch dem Wort, wenn es mit Überzeugungskraft vorgetragen war, seine Wirkung nicht versagt blieb, doch Entscheidungen wurden mit der Waffe getroffen.

Der Krieg ist hier fraglos nicht Mittel der Politik, er ist selbst Politik, seine Grammatik und Logik sind noch ungeschieden. Die kriegerische Macht ist identisch mit der politischen, der König ist Heerführer, und Volk und Heerbann sind kaum voneinander zu unterscheiden. Da der Staat in dieser Form des Krieges seinen Ursprung hat, wird militärische Selbstbehauptung vorerst zum wesentlichen Kriterium seiner Souveränität. Wo Macht aus der kriegerischen Gewalt erwächst, ist ihr Fehlen oder Versagen gleichzusetzen mit politischer Ohnmacht. Kriegerische Gewalt, die noch nicht von politischer Macht unterschieden ist, ist folglich auch noch nicht von ihrem Zweck, dem Worumwillen, getrennt zu sehen. Dieser unmittelbare Bezug zu ihrem Zweck läßt sie noch als *schöpferische* und nicht primär als destruktive Macht erscheinen. Die Negation, die ihr anhaftet, ist noch nicht von der politischen Zielsetzung geschieden. Das Schwert, beschreibt Kuhn diese Form der Auseinandersetzung, bahnt dem Pflug den Weg, und der Krieger ist Bauer, und das Heldentum, das der Krieg hervorbringt, die politische Ordnung zu stiften, entspringt dem totalen Einsatz der Person. Der Krieg wird als Schicksal verstanden, weil der Kampf in den Alltag integriert ist, und die kriegerische Auseinandersetzung nur als eine unter vielen Weisen des Lebenskampfes betrachtet wird. Als Faktum ist der Krieg so wenig in Frage gestellt wie das Wetter und der Wechsel von Tag und Nacht.[192] Der Krieg ist nicht Instrument der Politik, die Politik ist Krieg, weil das ganze Leben Krieg ist, und derjenige, der die Waffe gebrauchte, wußte ursprünglich auch sie herzustellen. Die Herstellung orientierte sich am Gebrauch, das Schaffen ist noch nicht übergeordnet.

Die Staatenbildung Europas, die sich über keltisch-germanische Reiche, die aus der Völkerwanderung hervorgegangen waren, vollzog, kann ebenso als ein Beispiel für den heroischen Krieg genannt werden, wie die Entstehung der griechischen Stadtstaaten. Fassen wir den heroischen Krieg nicht als beschränkt auf eine bestimmte Periode der Geschichte, so fällt auf, daß in ihm als Gründerkrieg der *Sinnhorizont*, in dem er sich abspielt, und nicht nur die Mittel, mit denen er geführt wird, andere sind, als die von Kriegen, in denen das imperiale oder das ideologische Moment den Hauptakzent setzt.

Wer von der Überzeugung ausgeht, daß das Ganze des Seienden insgesamt als Kampf zu sehen ist, dem erscheinen alle Kriege des Menschen in der Blickbahn des Widerstreitens von elementar Entgegengesetztem. Entgegensetzung meint immer auch Destruktion. Fraglos bricht auch in heroischen Kriegen die Macht des Negativen durch, doch der Krieg als solcher wird als Arbeit der Überwindung gerade dieser Negativität gesehen. Seine Aufgabe ist nicht die Zerstörung, sondern die Ermöglichung des Lebens, so daß die gewaltsame Umformung, die er vollzieht, in Einklang steht mit dem Ziele einer schöpferischen Freilegung von vorher Verborgenem. Der heroische Krieg ist die letzte Überwindung des Kampfes aller gegen alle. Sein Sieg ermöglicht es erst, zwischen der Macht vor und der nach der Stiftung eines staatlichen Herrschaftssystems zu unterscheiden. Macht, die noch vor der Herrschaftsstiftung erwächst, und nicht die eines Herrschaftssystems ist, ist noch nicht politische Macht, sondern sucht sich erst als solche zu installieren. Sie ist gleich der Gewalt instabil und fluktuierend und muß sich immer wieder aufs neue erweisen, muß bewährt, erprobt und eingesetzt werden. Erst ein Ordnungsgefüge vermag sie zu stabilisieren und den Kriegszustand in einen Friedenszustand überzuleiten.

Der *imperiale* Krieg ist nicht mehr ein Krieg zwischen Lebensordnungen, sondern zwischen Herrschaftssystemen mit unterschiedlichen Rechtsordnungen. Sein Zweck, den er nicht aus sich selbst gewinnt, ist es, Macht zu bewahren, zu mehren und die des jeweils anderen zu mindern. Herrschaftssysteme besitzen Macht, die sie gebrauchen müssen um sie nicht zu verlieren. Politik ist ja die *Kunst* des Umganges mit dieser. Nicht das Schwert, das *Wort* ist das Medium ihrer Kraft, und durch dieses gestaltet Politik das Zusammenleben der Bürger. Selbst hervorgegangen aus der Gewalt behält sie das Schwert in der Hinterhand, immer bereit, zur Durchsetzung ihrer Forderungen und Gesetze sich der Drohung, im besonderen der Androhung von Gewalt, zu bedienen. Wo der Politik Kraft fehlt, und sie nicht imstande ist, ihre Drohungen wahr zu machen, um Gewalt gegen sich zu verhindern, entbehrt ein Herrschaftssystem, ein Staat der Macht, die zum Besitz des Gewaltmonopols legitimiert. In der Vertauschung des Wortes mit physischer Gewalt kommt Politik an die Grenze des ihr Möglichen doch ist sie nicht Rückfall in einen vorstaatlichen Zustand. Der Einsatz von Gewalt unter Umständen, ohne Rücksicht auf Leben, mag die Entschlossenheit demonstrieren und dem Wort Nachdruck verleihen, um einer Rechtsordnung willen, dort wo es gilt, deren Einhaltung zu erzwingen. Das Wort durch Gewalt zu ersetzen, kann Krieg heißen, im besonderen Fall des inneren Unfriedens Bürgerkrieg, denn die Waffen treten an die Stelle der Argumente, und diese können unmittelbar nur töten und nicht überzeugen. Insofern der Bürgerkrieg revolutionäre Gewalt ist, ist er die Rückkehr zum „Naturzustand", weil er das politische Subjekt, den Staat als Individualität beseitigt. Der imperiale Krieg setzt souveräne Herrschaft voraus und ist ein Aufeinanderprallen unterschiedlicher Rechtssysteme, so daß er weitgehend im nichtrechtsverbindlichen Raum stattfindet. In ihm ist das Recht nicht aufgehoben, und moralische Erwägungen nicht ausgeschaltet, wenn auch der Krieg selbst sich außerhalb jedes Rechtes ereignet, liegt die Frage, wie er geführt wird, doch innerhalb von Recht und Moral. Moralisch Handeln fordert nicht – unbenommen der Gewissensentscheidung des einzelnen

– auf Verteidigung zu verzichten, denn dies hieße die Moral zur Waffe des Krieges zu machen. Rechtfertigung ist eine Sache des *Wortes* und nicht des Krieges. Krieg als Gewalt ist immer ungerecht.

Die Bereitschaft zu töten, ist nicht ein Charakteristikum des imperialen Krieges und der modernen Staaten, die auf einem solchen beruhen, sondern war schon eines des heroischen Krieges. Doch resultiert in letzterem die Bereitschaft zum Töten wie zum getötet Werden aus der Lebensbehauptung der Gemeinschaft, die den Krieg führt. Im imperialen Krieg folgt sie hingegen aus dem *Anspruch auf Herrschaft* der in der eigenen Rechtsordnung festgelegten Werte und Normen. Kuhn zitiert zur Beschreibung des imperialen Anspruches, der solchen Kriegen zugrunde liegt, mit Recht Vergil, der den Ahnherrn des römischen Volkes sagen ließ: „Dein Amt sei dies, Römer: Du lenke die Völker durch Deine Herrschaft. Dies sei Deine Kunst: Das Friedensgesetz aufzuerlegen, die Unterworfenen zu schonen und die Übermütigen durch den Krieg zu bezwingen."[193] Dem imperialen Krieg in seinen vielen Varianten, als Strafaktion, Friedensmissionen, Beutekrieg, Kolonialkrieg, geht es nicht mehr um das eigene Dasein, er ist ein politischer Krieg und lebt vom Verständnis des Krieges als Mittel der Politik. Der imperiale Krieg erwächst aus der Natur des Staates, er ist die gebändigte, domestizierte Form des Krieges aller gegen alle. Er anerkennt die Unterschiedenheit von Mensch zu Mensch, Volk zu Volk und Staat zu Staat, indem er sie befestigt und vergrößert. Da nun dieser Krieg, wie Rousseau es formuliert, „keine Beziehung zwischen Mensch und Mensch" darstellt, „sondern eine Beziehung zwischen Staat und Staat" ist, sind die Individuen, die ihn tragen, „nur zufällig Feinde"[194], der Krieger ist nun Soldat, ein in den Wehrsold genommener Mann.

Ähnlich verhält es sich mit dem *ideologischen* Krieg, er ist ein Produkt der Moderne und Folge einer immer undurchsichtiger werdenden Komplexität des Lebens. Diese Kriege beziehen zwar die menschliche Person mit ihrer religiösen und sittlichen Überzeugung ein, aber nur in abstrakter Weise, nicht mehr als Wirkung der Philosophie oder einer Religion. Wie ehedem seine Vorform, die Kreuzzüge, fordert auch der ideologische Krieg nicht allein die Herrschaft über Länder und Menschen, sondern die Beherrschung von Menschen in ihren Überzeugungen und ihrem Glauben. Ideologien sind Formeln menschlichen Selbstverständnisses und Ausdruck eines bewußt gewordenen Mangels an Wahrheitswissen in Verbindung mit einem Willen zur Gestaltung von Zukunft. Wo nun aber die Wahrheitsfrage dispensiert, weil sie nicht als die der hinter einer Ideologie liegenden Theorie bemerkt wird, kommt es zur Bildung von von Weltanschauungsthesen ergriffenen Gemeinschaften, die sich in der Auseinandersetzung um die Ausformung der menschlichen Gesellschaft als Kampfgemeinschaften verstehen. Der ideologische Krieg ist zwar wie der imperiale vornehmlich ein Krieg zwischen Staaten, aber die ihn führenden Staaten leiten ihren Kriegsauftrag weder aus der Willensbildung des Staates selbst, noch aus der des diesen tragenden Volkes her. Es sind Repräsentanten einer „dem Staat vorgeordneten Gemeinschaft des Glaubens und Wissens"[195], seien dies nun Religionsgemeinschaften, Verbände oder Parteien, die den Krieg fordern und führen lassen. Ideologische Kriege werden um Ideen willen geführt und entstehen vor allem dort, wo es Ideologien an kritischem Selbstbedenken mangelt und über rhetorisch wirksame Parolen simplifizierte Doktrinen Gehör finden. Den Kriegführenden geht es nicht um sich selbst, den Staat, das Volk, sie verstehen sich als Instrument einer Idee. Der Krieg bleibt zwar Ausdruck der Politik, aber die Aufwertung von Meinung und Glaubenshoffnungen führt zu deren Überordnung über das Politische. Das Politische wird instrumentalisiert und in den Dienst einer Vision von Zukunft gestellt, so daß es nicht die Frage nach dem Wohl des Staates, sondern die Ohnmacht der Politik ist, die den Krieg bestimmt.

Der Krieg als Mittel der Politik verstanden unterliegt dem rationalen Kalkül der Schadens- und Nutzenabwägung, doch ideologisiert dient er keineswegs als Mittel im Daseinskampf eines Volkes oder zur Mehrung und Gestaltung des Staates. Hier wird er geführt einer in Aussicht gestellten Sinntotalität des Daseins wegen, die ebenso wie der Krieg versucht sich zu der Logik der Politik zu erklären. Da Ideologien zweckhafte Vereinfachungen höchst reflektierter Daseinsauseinandersetzungen sind, aus denen heraus nicht wie aus der Religion gelebt wird, sondern sie Entwürfe für die Zukunft sind, sind sie ein Appell zur Veränderung. Ihre politische Wirkung verdanken sie ihrem sozialen Kampfwillen und der Fähigkeit zur Simplifikation. Ideologische Kriege sind daher nur Fortführung und Umsetzung der in Ideologien latent vorhandenen Kampfbereitschaft und deren Fanatismus. Es zählt zu den düsteren Kapiteln auch des vergangenen

Jahrhunderts, daß Religionen und auch Philosophien meinten, sich der ideologischen Kampfkraft bedienen zu sollen.

Wo die Politik politisch nicht-hinterfragbaren Zwecken dienlich ist, wird Krieg, der von sich aus eine politische Aktion ist, zum *Kreuzzug* und zur ideologisch geheiligten Handlung, für die der Zweck jedes Mittel heiligt. Waren die historischen Kreuzzüge noch von Menschen getragen, die religiös durchstimmt waren, so sind es die Forderung zur Umgestaltung und der Wille zur Beherrschung der Zukunft, die die großen Kriege am Ende des vergangenen Jahrtausends kennzeichnet: „Es bebt und zittert die Erde, weil der König des Himmels sein Land verloren hat, das Land, darauf seine Füße standen", schrie Bernhard von Clairvaux in die christliche Welt hinaus, als die heiligen Stätten der Christenheit durch Saladin erobert worden waren.[196] In den letzten Kriegen kämpfte der Mensch nicht mehr in einer auf den Himmel ausgerichteten Ordnung, der er zu dienen und die er zu verteidigen hatte, der Grundzug seines Lebens ist der der Hervorbringung nicht nur aller Dinge auch seiner selbst, als Mensch. Die modernen Formen des ideologischen Krieges sind nicht mehr von religiösen Ideen getragen, sondern von einer Deutung des menschlichen Daseins, deren konstruktives Prinzip aus Willenszielen gewonnen ist, deren Wahrheit durch das Bekenntnis zu ihnen als erwiesen gesehen wird.

Ideologische Kriege, die die säkularisierte Form mittelalterlicher Kreuzzüge sind, gab es rein für sich so wenig, wie es Religionskriege gibt, die ausschließlich religiös motiviert geführt wurden. Das Besondere am ideologischen Krieg ist es nicht, daß er von einer Idee geleitet wird, vielmehr, daß die Deutung des menschlichen Daseins mittels dieser nicht nach der Wahrheit dieser Idee fragt, aber die Macht, die der Wahrheit zukommt, für sich reklamiert. Darin liegt die Gefährlichkeit dieser Form des Krieges, denn er diskreditiert den Gegner nicht nur wie die Kreuzzüge die Soldaten Saladins als Gottesfeinde, sondern spricht ihm seine Lebensberechtigung als Person und Individuum ab. Die Argumentation ist nicht politisch, nicht religiös, sondern moralisch, weil sie ideologisch ist und entwertet den Gegner in seiner Existenz, indem sie ihn für unmenschlich und verbrecherisch erklärt. Der Einsatz moderner Vernichtungsmittel, vor allem nuklearer bedarf, weil durch sie der Krieg nicht mehr Kampf und so eine Gegenwehr unmöglich ist, geradezu einer vorhergehenden moralischen Vernichtung des Gegners. Um nicht selbst zum Verbrecher zu werden, muß die Auslöschung der Gegenseite schon legitimiert sein.

In seiner Arbeit *Über die Demokratie in Amerika* schreibt Alexis de Tocqueville, „daß von allen Armeen die demokratischen Heere den Krieg am brennendsten ersehnen und daß von allen Völkern die demokratischen Völker den Frieden am meisten lieben".[197] Es ist dies aus der besonderen geistigen Offenheit beider zu verstehen. Der Grundtypus des demokratischen Soldaten ist nicht der des Landsknechtes, dessen soldatische Existenz, wie Thomas Mann meinte, „geistig indiskutabel, [...]rein formal, an und für sich ohne Inhalt" ist.[198] Der Soldat der Demokratie läßt sich nicht für jede Sache anwerben, sie muß schon von einer besonderen Idee getragen und in sich wohl begründet sein. Seine Offenheit, in der er nur für die Wahrheit zu kämpfen bereit ist, erfordert zwar besondere Überzeugungsarbeit, feit jedoch nicht gegen ideologische Anfälligkeit, garantiert den Einsatz der ganzen Person, neigt aber auch dazu, die totale Vernichtung des Gegners zu fordern: „Die Vernichtung wird ganz abstrakt und ganz absolut. Sie richtet sich überhaupt nicht mehr gegen einen Feind, sondern dient nur noch einer angeblich objektiven Durchsetzung höchster Werte, für die bekanntlich kein Preis zu hoch ist."[199]

Der rein ideologische Krieg, von dem wir sagten, daß er nicht geführt wurde, ist primär der *Kalte Krieg*. In ihm wird nicht wirklich gekämpft, er existiert vielmehr in den Köpfen von Ideologen und nicht in der Wirklichkeit. Ihm haftet ein Zug von Irrealität an. Was es jedoch gibt, ist der *ideologisch verbrämte* Krieg[200]. Er ist es, dem jedes Mittel zur Macht recht ist; wo er nichts als seine Ohnmacht zur Verfügung hat, mutiert er zum *Terrorkrieg*. Sein Wesen ist die Destruktion um der Macht willen. Er ist zu unterscheiden vom *Ausrottungskrieg*. Versteht man Krieg als Ausdruck politischer Ohnmacht, unabhängig von der militärischen Stärke, so kennzeichnet es den Terrorkrieg, daß in ihm die politische Ohnmacht verbunden ist mit militärischer Ohnmacht. Er ist eine Form des Krieges, in der die Macht Ohnmacht ist und diese sich daher nur in der Destruktion von Macht als Macht zu behaupten weiß.

Fragen wir nach Beispielen dieser verschiedenen Kriegsformen in unserer Zeit, so können wir den Falkland-Krieg als eines der wenigen Beispiele eines klassischen und realen Krieges nennen. Den regulären Armeen stand ein genau definiertes Schlachtfeld zur Verfügung, zwischen Soldaten und Nichtkombattanten war klar unterschieden, und auch die Kampfhandlungen vollzogen sich in Übereinstimmung mit den Kriegsrechtsbestimmungen. Das Kriegsziel wie die Kriegsmittel waren, Clausewitz' Satz entsprechend, daß man keinen Krieg anfängt, ohne sich zu sagen, was man in demselben erreichen will, durch den Zweck, um dessentwillen dieser Krieg geführt wurde, bestimmt. Sein Zweck waren der Besitz und die Erhaltung von Macht, das heißt Herrschaft. Ideologische Momente spielten eine Nebenrolle, der Krieg war Fortsetzung der Politik mit anderen Mitteln, und er wurde so restringiert geführt, bzw. so schnell entschieden, daß die Grammatik des Krieges nicht zur Logik der Politik zu werden vermochte. Anders ist der Afghanistan-Krieg zu beurteilen, der, was die Mittel betrifft, als klassischer Partisanenkrieg gilt. Dem Gegner waren die Freischärler zwar waffentechnisch deutlich unterlegen, sie wußten jedoch aus ihrer Schwäche eine Stärke zu machen. Neben der hohen Beweglichkeit und einer optimalen Ausnutzung des Geländes war es die Motivation, die diesen Krieg entschied. Das Kriegsziel, die Zurücktreibung der sowjetischen Besatzungsmacht, hatte zum Zweck, einer bestimmten sittlich-religiösen Überzeugung zum Durchbruch zu verhelfen. Es war vornehmlich die politische Ohnmacht, die diesen Krieg und seinen Verlauf bestimmte.

Der erste Golfkrieg und auch der zweite können als imperiale Kriege bezeichnet werden. Ziel des ersten war die Ermattung des Gegners. Es war eine Auseinandersetzung zwischen in ihrem ideologischen und religiösen Verständnis nicht unähnlichen Staaten. Der zweite war ein durch begrenzte Zwecksetzung limitierter Krieg. Ideologische Differenzen durften anders als im ersten gar nicht zur Sprache gebracht werden und sollten wegen des unterschiedlich religiösen und sittlichen Selbstverständnisses der in der Anti-Irak-Allianz zusammengeschlossenen Mächte keine Rolle spielen. Auch die beiden Balkankriege sind primär von imperialen Charakter, durch sie, so berechtigt ihr Anliegen der Schutz der Menschenrechte gewesen sein mag, wurde der Krieg als Mittel der Politik wieder salonfähig. Aufgrund der militärischen Überlegenheit der NATO-Staaten konnte eine hegemoniale Weltpolitik der NATO respektive der USA durch eine imperiale Kriegführung betrieben werden. Hier konnte für die Amerikaner, nach der Niederlage im Vietnamkrieg wie schon im zweiten Irakkrieg, Boden wieder gut gemacht werden, nachdem das ideologische Unternehmen einer Demokratisierung Vietnams militärisch und politisch kläglich gescheitert war. Der Umstand, daß im Luftkrieg am Balkan politische Zielsetzungen wiederholt geändert wurden und daß trotz der Akzeptanz der politischen Kernforderungen durch das jugoslawische Regime der ursprüngliche Anlaß dieses Einsatzes, der „humanitäre Zweck, [...] weitgehend verfehlt"[201] wurde, mag ihn zwar militärisch, aber keineswegs politisch als Erfolg betrachten lassen.

Ähnlich wie der Sowjetunion im Krieg mit Afghanistan ist es auch Israel in seinem Krieg mit dem Libanon ergangen. Beiden Staaten wurde es unmöglich gemacht, einen imperialen Niederwerfungskrieg mit Schlachten und einer Kapitulation zu führen. Die religiös und ideologisch motivierten Guerillos und Untergrundkämpfer ließen sich, anders als die Ägypter und Syrier im Sechs-Tage-Krieg, eine solche Kriegsform erst gar nicht aufzwingen. Von der „Heiligkeit" ihres Kampfes überzeugt, waren sie gewillt, sich eines jeden ihnen geeigneten Mittels – wenn sie darüber verfügt hätten wohl auch des Einsatzes atomarer Waffen – zu bedienen. Der ideologische Krieg hat in sich die Tendenz zum *totalen Krieg*, eine Erfahrung, die schon die Kriegsführung des Zweiten Weltkrieges lehrt. Von einem solchen ist es nur ein Schritt zu einem *Ausrottungskrieg.*

Zwar liegt es nahe, schon den heroischen Krieg als einen totalen Krieg zu verstehen, doch hieße dies, außer acht zu lassen, daß in diesem Volk und Heer nicht unterschieden sind, Krieg Politik ist, weil die Differenz zwischen ihm und dieser noch nicht wirklich geworden ist. Nach einer Definition von Ludendorff ist die Geburt des totalen Krieges, „der nicht nur eine Angelegenheit der Streitkräfte ist, sondern auch unmittelbar Leben und Seele eines jeden Mitgliedes der kriegführenden Länder berührt, [...] nicht durch eine veränderte Politik allein, [...] sondern auch durch die Einführung der allgemeinen Wehrpflicht bei steigenden Bevölkerungszahlen und von Kampfmitteln, deren Wirkung sich immer vernichtender gestaltete" bewirkt. Krieg hat sich nie nur auf die Auseinandersetzung feindlicher Heere beschränkt, sondern die zunehmend größer werdenden Gefechtszonen, wie auch der Krieg selbst, blieben nicht ohne Wirkung auf die betreffende Bevölkerung, doch der totale Krieg richtet sich ausdrücklich „nicht nur gegen die Wehrmacht, sondern auch unmittelbar gegen die Völker".[202] Der Ausrottungskrieg schließt Frieden überhaupt aus, denn sein Ziel ist nicht der Friede, sondern einzig die gänzliche Vernichtung und der Untergang des Gegners.

2. Der Einfluß geschichtlicher Veränderungen auf den Kriegsbegriff

Der geschichtliche Wandel des Begriffes Krieg ist so wenig etwas Neues wie der geschichtliche Wandel des Lebens überhaupt. Wir sind nicht die erste Generation, die dem Wechsel von einer alten Zeit zu einer neuen mit neuen Formen des Lebens Platz macht. Allerdings leben wir unter dem Eindruck, die Geschichte der Gegenwart sei in einem so starken Maße dem Wandel unterworfen wie keine bisherige Geschichte. Es gehört ebenso zu jedem gegenwärtigen Selbstverständnis, die Bedeutung der eigenen Zeit zu überschätzen und Veränderung in einer Schnelligkeit und in einem Ausmaß wahrzunehmen, wie dies vorher nicht erlebt worden ist, doch es gibt einige Fakten, die diese Beobachtung eines besonders intensiven Wandels überhaupt, aber auch des Krieges rechtfertigen. Die Abfolge (1) und die globale Bedeutung (2) des politischen wie kriegerischen Geschehens, des weiteren die Art der sozialen Betroffenheit (3) durch dieses, sowie die Vernetzung aller Lebensbereiche miteinander (4) scheinen die Behauptung von der Schnelligkeit des geschichtlichen Wandels unserer Gegenwart zu bestätigen. Für den Wandel des Begriffes *Krieg* hat die Nukleartechnik (5) noch eine besondere Bedeutung gewonnen. Da Geschichte immer auch Geschichte von Staaten ist, hat dieser Wandel vor dem Begriff *Krieg* nicht haltgemacht:

1. Veränderungen, die sich früher über lange Zeit hin erstreckten, geschehen heute mit einer unheimlichen Plötzlichkeit. Der Verfall des Heiligen Römischen Reiches vollzog sich über Jahrhunderte, die geistige Auseinandersetzung und Überwindung des Mittelalters dauerten ihre Zeit, ebenso lange dauerte der Kampf des Christentums gegen das Heidentum. In wenigen Jahren hingegen entwickelte sich das preußisch ausgerichtete Reich zu einem großdeutschen Reich. Die Sowjetunion löste das zaristische Rußland ab und hat mittlerweile selbst wieder zu existieren aufgehört. Die Entwicklung und Verbreitung des Christentums nahm zweitausend Jahre in Anspruch, aber innerhalb weniger Jahre sind ganze Völker von ihrem Glauben wieder abgefallen.

2. Früher fanden Veränderungen bei einzelnen Völkern und in bestimmten Kulturkreisen statt. Heute vollzieht sich Veränderung in einer einheitlichen Geschichte der Menschheit. Diese ist gewissermaßen zu sich selbst gekommen. Ihr modernes Nachrichten- und Verkehrswesen ermöglicht ein Zusammenwachsen der Menschen. Jedes Ereignis kann heute zum Weltereignis werden. Blicken wir zurück, so sehen wir, daß die Christianisierung des Abendlandes, die französische Revolution oder noch früher der Untergang der antiken Kulturen unmittelbar keine Weltereignisse waren. Die Ideen, die heute in Washington, Berlin oder Moskau geboren werden, und was dort entschieden wird, haben ihre Auswirkung auf die ganze Welt. Die kriegerische Auseinandersetzung zwischen Kuweit und dem Irak oder der Krieg der Serben mit den Bosniern, den Kroaten und den albanischen Kosovaren alarmierte und zeigte die politische Ohnmacht der westlichen Staaten und der islamischen Welt. Lokale Kriege sind nicht mehr von nur lokaler Bedeutung. Der Kosovokrieg versetzte nicht nur die Vereinigten Staaten und Europa in Spannung. Das weltweite Solidaritätsbewußtsein läßt auch die Bruchstellen in der Beziehung von Staaten und Völkern untereinander zu internationalen Bedrohungsfaktoren werden. Massenmigrationen als Reaktion auf innenpolitische Veränderung in Ländern der Dritten Welt greifen in ihren Auswirkungen weit über die Nachbarstaaten hinaus und lassen eine Destabilisierung selbst in Ländern auf anderen Kontinenten als möglich denken. Die Ost-West-Bevölkerungsbewegung als Folge des Abbaues von Reisehindernissen, aber auch eine Süd-Nord-Migration mit einer Unzahl von flüchtenden Asylbewerbern führt zu tiefen sozialen, kulturellen und politischen Problemen für die Gastgeberländer Mitteleuropas.

3. Die Betroffenen eines geschichtlichen Wandels sind heute mehr oder weniger alle sozialen Schichten, und es sind nicht nur beschränkte und kleine Gruppen von Menschen, etwa nur die höheren Stände, die politische Veränderungen wahrnehmen. Seit der Aufklärung ist das Volk insgesamt Subjekt des Wandels. Wer der Landesherr war, ob er einen Teil des Gebietes nach einem verlorenen Krieg abtreten mußte, hatte zumeist keine spektakulären Auswirkungen auf die Masse der Bevölkerung. Sie kannte den Grundherrn, aber nicht den Landesherrn. In unserer Zeit hingegen ist jeder Handwerker, jeder Bauer von politischen Veränderungen wie von technischen Erneue-

rungen unmittelbar betroffen, und wie stetig eines Menschen Dasein immer gewesen sein mag, es ist heutzutage durch Planung und Technik erfaßt. Kriege wurden folglich zu totalen Kriegen, sofern diese das Wirtschaft-, Geistes- und Kulturleben erfassen. Wenngleich ein Krieg vom Mittelalter bis hinein in das 18. Jahrhundert auch Frauen und Kinder in seinen Sog mitriß, so waren seine Verheerungen doch örtlich begrenzt und betrafen in erster Linie die, die ihn unmittelbar erlebten. Der Großteil eines Volkes hingegen wurde vom Krieg nur indirekt berührt. Über Jahrhunderte hinweg war es nur die Religion, die alle sozialen Schichten erfaßte.

4. So wie heute alle Bevölkerungsschichten durch Veränderungen in Mitleidenschaft gezogen sind, so gibt es auch keine Lebensbereiche mehr, deren Erschütterung nicht zu nachhaltigen Folgen in anderen Lebensbereichen führen würde. Die Technik ist keine bloß äußerliche Angelegenheit, ihre Entwicklung beeinflußt neben Wirtschaft und Gesellschaft Denken, Glauben und das Empfinden der Menschen. Mehr noch als die Wirtschaft übt sie auf die Politik heute einen totalen Einfluß aus, der sich in allen Lebensgebieten widerspiegelt. Weder Wissenschaft, Religion, Kunst oder Literatur bleiben von ihr verschont. Der Einfluß der Technik auf den Krieg ist so groß, daß es – selbst wenn man die nukleare Technologie außer Acht läßt – fraglich ist, ob noch Tapferkeit, strategische Kunst, Bewaffnung und Kriegsglück oder allein die Überlegenheit technologischer Kriegsmittel entscheidend sind. Die beiden Weltkriege waren noch von einem Ethos des Durchhaltens und der Zurücknahme des eigenen Lebenswillens bestimmt, doch der Krieg, eigentlich Kampf, verlagerte sein Schwergewicht immer mehr weg von menschlichen Kampfsituationen zur Massenvernichtung von Nicht-Kämpfenden. Schon die Materialschlachten an der Westfront können befragt werden, inwiefern sie noch Kampf waren. In der Bombardierung von Städten und ihrer zivilen Bevölkerung trat an die Stelle des Kampfes der Massenmord. Mit der Vernichtung von Hiroshima und Nagasaki durch den Einsatz atomarer Bomben hat die Technik sich der Politik bemächtigt. Inwiefern diese Entwicklung zu stoppen oder gar rückgängig zu machen ist und in Zukunft die Qualitäten des Kämpfers und nicht die des Ingenieurs gefragt sind, ist nicht nur eine Frage, die ihre Hoffnung darauf setzt, daß die modernen Waffensysteme sich in ihrer Wirkungsweise ad absurdum führen, sondern richtet sich an

das moralische und sittliche Selbstverständnis jener Gesellschaften, die über solche Waffen verfügen.

5. Die moderne räumliche und zeitliche Universalität des Geschehens, die allzeitige geschichtliche Wechselbestimmtheit der Sachbereiche und das wachsende Tempo gesellschaftlicher Veränderungen, verfehlten ihre Wirkung auf das moderne Kriegsverständnis nicht nur nicht, sondern waren auch maßgebend dafür, wie heute Kriege geführt werden. Doch die wichtigste und lebensbedrohendste Wandlung widerfuhr dem Kriegsbegriff nicht aus der Veränderung seines geschichtlichen Umfeldes, sondern in Reaktion auf diese Veränderung. Die zur Einheit zusammenwachsende Welt und die allzeitige Gegenwärtigkeit geschichtlichen Geschehens hatten großräumige Organisationsformen gefordert und nach einem technischen Instrumentarium verlangt, das es gestattete, die neuen Distanzen räumlich und zeitlich zu bewältigen. Die Waffentechnik ist von dieser Anforderung nicht ausgeschlossen geblieben. Die neuen militärischen Machtmittel und ihre Wirkungsweise haben die beiden großen Kriege zu *Welt*kriegen werden lassen. Der Einsatz der Atombomben markierte jedoch eine neue Weltlage, einen „Anfang und Ausgang, der inkommensurabel ist zu seiner Vorgeschichte".[203] Das Neue an der Möglichkeit des militärischen Einsatzes dieser neuen Waffen ist weder ihre Reichweite noch ihre Schnelligkeit, sondern, daß ihr Einsatz in nuklearen Konflikten kaum Ziele fixieren läßt, und niemand davon ausgehen kann, daß ein Staat, dessen Armee diese Waffen einsetzt, auch nach Beendigung eines solchen Konfliktes noch fortbesteht, ob Sieg noch Sieg bedeutet und die Menschen, deren Freiheit verteidigt werden sollte, überhaupt noch am Leben sind. Für die Qualität der Austragung eines nuklearen Krieges macht es hierbei auch keinen Unterschied, ob solche Waffen nur in den Händen eines Staates sind, oder sich eine Vielzahl von Staaten ihrer bedienen kann.

Die Unterscheidung des „Krieges aller gegen alle" von einem Krieg, der nach bestimmten Regeln abläuft, hatte zur Folge, daß ein solcher als Errungenschaft gesehen werden konnte, da die Übertragung des Gewaltmonopols an den Staat das anarchische Chaos, in dem jeder frei ist, jeden zu töten, beendete. Den Krieg als Errungenschaft zu bezeichnen, meinte keine Rechtfertigung des Krieges, sondern implizierte die Frage, ob der Krieg ein Wesenselement des Existierens der Menschheit in Staaten ist und ob er, trotz aller Wandlungen, die er seiner Form nach durchgemacht hat, nicht bloß einer Frühzeit angehört, die zu beenden im Bereich der politischen Möglichkeiten liegt. Nicht nur das Versagen in dem Versuch, Frieden unabhängig von Krieg zu bestimmen und Frieden nicht bloß als Nicht-Krieg zu sehen, zwingt uns diese Frage auf. Das Vorhandensein von Zerstörungsmitteln, die ihrer Wirkung nach jedes in der Geschichte bisher bekannte Ausmaß übertreffen, erfordert neues Nachdenken. Zwar hatte der durch Regeln institutionell gezähmte Krieg seit jeher die Tendenz, aus allen Beschränkungen auszubrechen, doch ob der Einsatz und Gebrauch nuklearer Zerstörungsmittel sich durch Gesetze und Abkommen auf Dauer bändigen läßt, diese Frage läßt nur bedingt auf eine positive Antwort hoffen.

Viele heute maßgebliche Denker sind der Überzeugung, daß der technischen Weiterentwicklung unter großräumigen Organisationsformen trotz des weltweit sich entwickelnden Solidaritätsbewußtseins eine politisch handlungsunfähige Menschheit gegenübersteht, die in der Gefahr lebt, sich technischen Mitteln ausgeliefert zu haben, die die Selbsteliminierung der Zivilisation und des Menschen überhaupt wahrscheinlich erscheinen lassen. Es ist richtig, schon bestimmte Formen des Einsatzes nuklearer Waffen führen die „Errungenschaft" Krieg ad absurdum, denn der von keinen durch Regeln gesetzten Beschränkungen zu bändigende Atomkrieg würde selbst zum Krieg aller gegen alle werden. Was in dieser Überlegung besonders schwer wiegt, ist die Erkenntnis, daß weitgehend ungeklärt ist, wer die Politik macht, das heißt, wer die Subjekte politischen Handelns heute überhaupt sind. Ob Staaten diese Subjekte sind und was ihre Kompetenz ist, diese Frage ist nicht eindeutig zu beantworten. Der Begriff des Staates hat einen tiefgehenden Wandel erfahren, der nicht ohne Folgen auf den Kriegsbegriff blieb. Ausschlaggebend für diesen Wandel war ebenfalls der Einfluß der modernen Technologie.

Nicht zufällig provoziert gerade das Thema Krieg die Frage, ob man das, was man tun kann, auch tun darf. Zwar sind die Bereiche des Könnens und Dürfens für den Menschen noch nie deckungsgleich gewesen, doch aktuelle Brisanz gewinnt diese Frage, weil der Bereich des Könnens, auch des militärischen, in seinen Möglichkeiten nicht mehr fest umgrenzt ist. Es geht heutzutage nicht allein um die Frage, ob Töten im Krieg und daher auch der Kriegsdienst sittlich zulässig sind und auch nicht nur um eine Unterscheidung zwischen einem gerechten und einem ungerechten Krieg. Schwierig war es schon immer, die Grenze zwischen Können und Dürfen zu ziehen. In der Vergangenheit konnten wir, längstens bis zur Erfindung und dem Abwurf der ersten Atombomben, davon ausgehen, daß der Bereich möglicher Handlungen grundsätzlich eingeschränkt war. Alles, was jenseits dessen lag, was der Mensch konnte, blieb von der ethischen Reflexion ausgespart, denn ethischen Überlegungen zum Erlaubten und Gesollten kam nur für den Bereich des Möglichen ein Sinn zu: Nur dieser Bereich ist normierungsfähig. Dieser Grundsatz der Ethik galt bisher, und er gilt auch weiterhin. Doch der Bereich, den der Mensch durch seine Handlungen beherrschen und formen kann, hat sich erweitert, und seine Grenzen schieben sich nicht nur beständig hinaus, sondern scheinen sich ganz aufzulösen. Das *Unmögliche* ist nicht nur in der Medizin[204], vielmehr in allen Lebensbereichen möglich geworden. Der Krieg , bedingt durch eine sich stets erneuernde und verbessernde Waffentechnik, ist somit selbst nicht mehr ein Geschehen, das in seiner Durchführung von festen Grenzen beschränkt ist. Derselbe wissenschaftliche und technische Fortschritt, der neue Perspektiven des Lebens eröffnet, läßt auch neue, bisher noch nie dagewesene Formen von Konflikten und ihrer Austragung denken. Kriegsszenarien, die bis vor wenigen Jahren noch Ausgeburt einer perversen Phantasie waren, haben einen Wirklichkeitsgrad erreicht, der jede Form von Terror möglich erscheinen läßt und nötigt Abwehrstrategien zu entwickeln. Gerade weil in der Kriegführung das Unmögliche möglich wird, verbietet sich der Krieg in diesen Unmöglichkeiten.

Da für eine Politik, die sich an Weltmaßstäben orientiert, die natürlichen und geistigen Grenzen zwischen Völkern ihre überragende Geltung verlieren, ist mit diesem Wandel auch das Prinzip des Nationalstaates in Frage gestellt. Zumindest bis zur Auflösung der Sowjetunion war die Politik vorwiegend durch Machtblöcke bestimmt und die Konstituierung von übergreifenden politischen Einheiten als Notwendigkeit anerkannt. Begriffe wie Volk, Staat, Nation galten als nicht mehr zeitgemäß. Andererseits konnten die Machtblöcke die Staaten als politische Subjekte nicht ersetzen, und die „Menschheit" als solche konnte die entstehende Leerstelle bisher nicht ausfüllen. Sowenig die technische Konvergenz der westlichen und östlichen Machtblöcke eine politische Einstimmigkeit auch innerhalb dieser Blöcke garantierte, so sehr handeln die Menschen dieser Welt weiter in formellen und informellen Gruppen (zum Beispiel die Intellektuellenbewegung), auch wenn diese nicht primär Völker und Staaten sind. Die Situation, in der heute Kriege stattfinden, und daran hat auch der Zusammenbruch des Kommunismus nichts geändert, ist unvergleichlich. Als technologischer Zusammenhalt ist die Welt längst eine Einheit, sie ist jedoch keine politische, und ist dies nach dem Fall der Berliner Mauer weniger denn je. War die Politik nach dem Ende des Zweiten Weltkrieges weitgehend von der Angst bestimmt, die Machtverteilung zwischen den beiden Blöcken könne außer Balance geraten, so daß die Politik der Abschreckung Politik zur Erhaltung des Friedens war, ist das Ineinander von technologischer Rationalität und menschlicher Angst heute – zumindest zur Zeit – nicht mehr der bestimmende Faktor in der Entscheidung für oder gegen Krieg. Reflektiert man diese Situation und sieht, daß die Ansätze einer Etablierung der Menschheit als politisches Subjekt der Geschichte nur technologischer Natur sind und die Begriffe Volk wie Nation nach Wegfall der Angst neue Bedeutung gewinnen, wird man jedoch nicht vorschnell meinen dürfen, daß sich die Leerstellen wieder zu füllen beginnen. Das Prinzip der Nationalstaatlichkeit, das nach der Französischen Revolution entstand und sich im Bewußtsein des 19. Jahrhunderts als bestimmender Faktor durchsetzte, wird es im ursprünglichen Sinne nicht wieder geben. Staaten erscheinen heute nicht mehr, wie noch Nationalstaaten, als geschlossene Machtgebilde. Zudem können demokratische Staaten, zumindest theoretisch, nicht im Gegensatz zu ihren Staatsbürgern auftreten. Da sie außerdem Sozialstaaten sind, müssen sie als solche das Wohlergehen ihrer Bürger und deren materielle Existenz garantieren. Dies heißt, sie müssen sich nicht nur mit den verschiedenen Interessenverbänden der Gesellschaft auseinandersetzen, sondern sind auch in die Abhängigkeit dieser Interessengruppen geraten.[205] Die Frage, ob dem Staat überhaupt noch eine eigene Sphäre politischen Handelns geblieben ist, ist daher nicht leicht zu beantworten.

Vom herkömmlichen Krieg konnten wir sagen, daß sein Ziel der Friede ist. Bei aller Steigerung der Zwietracht war der Bezugsraum, in dem sich Krieg und Friede abspielten, ein Raum der Eintracht, eine Eintracht, die in der Zwietracht bestand. Die Gegner standen einander nicht beziehungslos gegenüber, denn der Krieg war das gemeinsame Werk ihrer Entzweiung. Im Waffengang waren sie gewissermaßen einträchtig miteinander verbunden: „Man soll wissen, daß der Krieg gemeinsam ist [...]"[206], schrieb Heraklit bereits fünfhundert Jahre vor Beginn unserer Zeitrechnung. Fraglos ist die Eintracht des Krieges eine andere als die des Friedens. Der Begriff „Eintracht" ist hier in verschiedenem Sinne gebraucht, doch weist diese Verschiedenheit des Gebrauchs nur auf ein Grundphänomen menschlichen Existierens hin. Menschliches Dasein ist nur im Gegenbezug von Gemeinsamkeit und Differenz. Der Mensch existiert immer als das Gegenteil seiner selbst. Für mich bin ich nur im Sein für ein anderes. Gewohnt, dieses Für-mich-sein als Gegenbegriff zum Für-einen-anderen-sein zu denken, sehen wir diese Begriffe entgegengesetzt als für sich selbständige, wie Krieg und Frieden. Wir denken uns abgetrennt, dann wieder in Beziehung zu anderen Menschen oder auch zu Dingen. Wenn wir aber das Für-mich-sein als Abgetrenntsein und das Für-ein-anderes-sein als Bezug in sich streng denken, haben wir gerade in der Unbezüglichkeit eine tiefere Art des Bezuges mitgedacht. Die Selbständigkeit enthält in sich schon die Bezüglichkeit und dies nicht nur in logischem Sinn, sondern als Wesenserfassung des Menschen selbst. Wie ein Mann nur Mann in Differenz zur Frau ist, so ist das Abgesetzt-sein, die Unterschiedenheit vom anderen, die Voraussetzung des Selbstseins. Als Für-mich-selbst-sein ist das Abgetrenntsein von anderen gerade ein Verhalten zum anderen. Die Unbezüglichkeit des Bezugs ist ein Bezug, der im Falle des Krieges zur Negation, zur Vernichtung des anderen wird. Eintracht als Friede und Eintracht als der Bezugsraum des ermöglichenden Zusammen, in welchem Krieg und Frieden sich abspielen, sind jedoch voneinander zu unterscheiden. Zu erkennen, daß Krieg und Friede in gleichem Bezugsraum von Eintracht sich abspielen, ist wichtig für das sich verändernde Verständnis von Krieg in der Neuzeit. Aber letztlich auch für alle Bemühungen um Erhalt, Sicherung und Förderung von Frieden. Der atomare Krieg jedoch hebt diesen Grundbezug einer Eintracht in der Zwietracht auf, weil er keine Zukunft und damit keinen Frieden kennt. Die totale Vernichtung wäre dann wirklich der Ort, an dem es weder Frieden noch Krieg gäbe.

VII. Souveränität und Friede

Mittels des Staates war es gelungen, die Gewalt zu monopolisieren, wenn auch nicht aufzuheben. Das Recht jedes einzelnen auf Gewaltausübung wurde in das Recht und die Pflicht des Staates auf Kriegführung umgewandelt. War für die antike Staatsphilosophie die Ausbildung des Staates eine dem Menschen von Natur aus gestellte Aufgabe, so war nicht die Gewalt noch Angst vor Gewalt, sondern die Freundschaft das die Bürger eines Staates verbindende Band. Der Krieg gilt als ein Faktum, das zwar in sich selbst keinen Zweck hat, aber ähnlich wie die Arbeit, die um der Muße willen geleistet wird, um des Friedens willen da ist.[207] Keinesfalls war der Krieg als Instrument der Politik und siamesischer Zwilling des Staates gedacht. Für das Hobbes'sche Staatsverständnis kann der Krieg, der gerade nicht der Kampf aller gegen alle ist, sondern gebündelte und auf ein Ziel hin orientierte Gewalt, seinen Ursprung und seine Kraft eben nur aus diesem Staat gewinnen, der seinerseits geschaffen ist zur Verhinderung von Gewalt einzelner untereinander. Der Staat ist gezähmte Gewalt, und wie der Staat seinen Ursprung in der Gewalt hat, so hat der Krieg den seinen im Staat, indem er die im Staat gezähmte und gebündelte Gewalt zum Zwecke der Vernichtung freisetzt. Staat und Krieg sind die jeweils andere Seite derselben Münze.

Die *polis* ist für Aristoteles Herrschaft von Menschen über Menschen, wenngleich er die Legitimation von Herrschaftsgewalt ungeklärt läßt, denn sie kann nicht als naturgegeben vorausgesetzt werden. Hobbes' Gewaltherrscher muß jedenfalls sich in seinem Amt und ebenso seine Macht durch die Bildung des Staates und in weiterer Folge durch die Herstellung und Erhaltung von Frieden legitimieren. Gerade deswegen läßt Hobbes rekonstruierend Herrschaft auf einem Vertragsabschluß, einer freien Übereinkunft zwischen den Beherrschten und zugunsten des Herrschenden basieren.

Die liberale Sicht des Staates trägt so der Entdeckung des neuzeitlichen Selbstbewußtseins Rechnung. Das Bewußtsein der Freiheit des durch seinen Willen bestimmten Selbst gewinnt eine Ausdrücklichkeit, die im individuellen Bereich zu einer Aufwertung des Gewissens und im politisch-öffentlichen zu einem Hinterfragen der Naturgegebenheit der Herrschaftsordnung führt. Bedenkt man die Bedeutung der Mathematik für Descartes, so ist nicht weiter erstaunlich, daß die mathematische Naturwissenschaft auch Hobbes zum Vorbild seiner Staatstheorie wurde. In Analogie zu der Mechanik natürlicher Vorgänge sollte die Mechanik des politischen Lebens gedacht werden. Die Reduktion des Staatszweckes auf die Gewährung von Sicherheit gestattete, diesen aus einer freien, gleichsam mechanischen Konstruktion, dem Vertrag, hervorgegangen zu denken. Dies heißt: es waren zwei einander teils widersprechende Momente, die in das neue Staatsverständnis einflossen: Der Staat ist zum einen gesehen als ein Machwerk des frei schaffenden menschlichen Willens und zum anderen als Garant der durch diese Freiheit hergestellten Ordnung. Der Staat soll die in ihm lebenden Bürger vor der Bedrohlichkeit ungezügelter Freiheit bewahren, und gleichzeitig soll die noch nicht gesittete Freiheit die Bedingung des Staates bilden.

Unabhängig von der Frage, ob eine solche Staatstheorie das Phänomen Staat adäquat denkt, gestattet sie ein Verständnis des Phänomens Krieg, und auf ihr fußen die meisten Kriegsverhinderungsstrategien. Ist der Krieg gleichsam die andere Seite derselben Münze Staat, so ist er wie dieser ein Kunstgebilde, ein Machwerk des Menschen. Den Krieg als künstliches Machwerk zu sehen, heißt, ihn als vermeidbar zu denken. Ihn nicht als Schicksal hinzunehmen, ist fraglos ein Fortschritt, selbst wenn die Begründung, die zu dieser Einsicht führte – nämlich das Hobbes'sche Staatsverständnis – einer weiteren Prüfung nicht standhalten sollte.

In dem mit 30. Juli 1932 datierten, an Sigmund Freud gerichteten Brief stellt Albert Einstein die Frage, „gibt es einen Weg, den Menschen von dem Verhängnis des Krieges zu befreien?" Da er Politiker für unfähig hält, dieses Problem zu lösen, und diesen dies seiner Überzeugung nach auch bewußt ist, hofft er auf Hilfe von Männern der Wissenschaft und fordert Freud auf, Erziehungsmaßnahmen vorzuschlagen, die die einer Herstellung des Friedens entgegenstehenden psychologischen Hindernisse beseitigen mögen. Er selbst fordert, daß die Staaten „eine legislative und gerichtliche Behörde zur Schlichtung aller zwischen ihnen entstehenden Konflikte" schaffen sollen. Er geht hierbei von der Voraussetzung aus, „der Weg zur internationalen Sicherheit" führe über den „bedingungslosen Verzicht der Staaten auf einen Teil ihrer Handlungsfreiheit bzw. Souveränität".[208] Doch kann und darf ein Staat auf seine Souveränität verzichten?

1. Recht und Grenzen der Souveränität

Wie der Begriff Staat hat auch der Begriff Souveränität seine Geschichte. Unter dem Eindruck einer konfessionellen Bürgerkriegssituation sowie der Bartholomäusnacht von 1572 war von Jean Bodin das Buch *De la République* geschrieben worden. (Die französische Königin Katharina hatte anläßlich der Hochzeit ihrer Tochter Margaretha mit dem protestantischen König Heinrich von Navarra die, unter Vortäuschung einer toleranten Gesinnung, geladenen Hugenotten hinterrücks überfallen und niedermetzeln lassen.) In ihm entwickelte Bodin die Idee der „souveraineté", die zur Grundlage des neuzeitlichen Staatsdenkens wurde. Die politische Forderung nach Souveränität entstand mit der Bildung neuzeitlicher Territorialstaaten, etwa seit dem 13. Jahrhundert, als die Fürsten von Kaiser und Papst Unabhängigkeit forderten. Fraglos wurde zeitweise die Idee der Souveränität mit der des Absolutismus identisch gesehen.

Souveränität besteht in einer *Entscheidungsfähigkeit*, die keine ihr übergeordnete politische Macht anerkennt. Wenn Kant feststellte, der Satz „Der Staat ist souverän" sei ein analytischer, weil Staatlichkeit sich durch Souveränität definiere, hat er recht, soweit durch den Begriff „souverän" nichts über die Legitimität des Staates und auch nichts über die Rechtmäßigkeit des Trägers der Souveränität gesagt werden soll. Der Begriff Souveränität umschreibt in dieser Verwendung die Fähigkeit des Staates, sich durch Machtausübung nach innen und außen zu bestimmen. Mit der Bezeichnung des Staates als souverän stellt sich über Kant hinausgehend jedoch die Frage nach dem Träger oder dem Subjekt der Souveränität. Aus dem Begriff Staat läßt sich nicht schließen, ob der Souverän als eine Person, eine Gruppe oder als Volk insgesamt vorgestellt wird.

Souveränität, wie sie heute dem Verfassungsstaat zugesprochen wird, ist in sich nicht unproblematisch, denn sie scheint widersprüchlich zu sein. Souverän zu sein heißt, über das Recht verfügen zu können. Der Souverän gilt als die Quelle zumindest des positiven Rechts.

Souverän sein heißt auch, Ursprung der Staatsgewalt zu sein, die für den, der sie hervorbringt, ungeteilte Gewalt ist und eine inhaltlich unbeschränkte Geltung besitzt. Geht man nicht wie Bodin davon aus, daß erst eine Verletzung des Naturrechtes oder des göttlichen Gesetzes den Souverän zum Tyrannen macht, sondern argumentiert wie Hobbes und Rousseau, daß die Macht des Herrschers vom Volk übertragen ist, so kann dieses den Vertrag kündigen und ist bei Vertragsverletzung zum Widerstand berechtigt. Unabhängig davon, wie die Regierungsform eines Staates aussieht, ist es möglich, daß der Souverän kraft seiner Souveränität einige seiner Rechte abgibt, ohne dabei auf seine Entscheidungshoheit zu verzichten, denn erst der Verzicht, darüber zu entscheiden, welche Rechte er abzugeben bereit ist, würde ein Verzicht auf seine Souveränität sein. So ist unter Umständen die Aufgabe des Rechtes zur Segregation ein Verzicht auf Souveränität und damit auf selbständige Existenz als Staat.

Souveränität nach innen als das „Gesamt der Staatsorgane und des Staatsrechts"[209] meint die Fähigkeit des Staates, sich gegenüber der *Gesellschaft* zu bestimmen. Die Entwicklung des modernen Staates, so wie sie sich in Europa seit dem 17. Jahrhundert vollzog, sieht Souveränität nicht mehr definiert durch das Prinzip der Vereinheitlichung der Staatsgewalt in einer Person, sondern durch das Prinzip der Teilhabe der Bürger an der Regierungsmacht, somit einer „universalen Entscheidungseinheit"[210]. Der Gedanke der Volkssouveränität verbindet sich hier mit der Idee der Gewaltenteilung, so daß der Herrscher nicht mehr *legibus absolutus* regiert und er weder über das Recht absolut verfügen kann noch es durchbrechen darf. So erwähnt die preußische allgemeine Landrechtsordnung den Regierenden und tatsächlich herrschenden Monarchen nicht mehr, und auch der König wird im Gesetzestext nicht genannt. Er ist vielmehr in eine Funktionsbestimmung eingetreten, „Oberhaupt des Staates, weniger noch: Oberhaupt im Staate zu sein".[211]

Die Gewaltenteilung, wie sie im Sinne von Montesquieu's Dreigewaltenlehre klassisch geworden ist, negiert die Vereinheitlichung der Staatsgewalt in einer Person, aber nicht die Notwendigkeit der *Einheitlichkeit* des Staates in allen seinen Handlungen und Zielsetzungen. Die Fähigkeit des Staates zur Herstellung dieser Einheit zeigt sich in der Anerkennung des Staates durch seine Bürger und weist ihn nach innen in seiner Souveränität aus. Die Position beispielsweise des Königs war zwar in der europäischen Vergangenheit so herausgehoben, daß er überlegenes Recht beanspruchte und ihm dieses auch zuerkannt wurde, doch eine solche Anerkennung war schon dem Adel keine Selbstverständlichkeit und ist in einer modernen Demokratie nicht ohne Widerspruch zu erlangen. Der Grund: eine überlegene Rechtsposition gesteht dem Herrscher auch eine überlegene Machtposition zu: „Wenn aber das Recht die Macht nicht legitimiert, kann nur die Macht sich selber legitimieren."[212] Die stärkeren Bataillone, mit denen Macht gewaltsam durchgesetzt wird, mögen nie entbehrlich sein, doch genau besehen konnte auch der absolute Herrscher auf die *Anerkennung* durch seine Untertanen nicht verzichten. Das heißt aber, weil es nicht das Recht ist, das Herrschaft legitimiert, sondern die Macht sich selbst garantieren muß, muß trotz aller möglichen und tatsächlichen Gewaltsamkeit das Staatsvolk sich in der Besonderheit, der Individualität seines Staates wiederfinden können, denn erst dadurch wird Gewalt in Macht umgewandelt.

Wenngleich die Ausübung eines in sich einigen Staatswillens die Bedingung des inneren Friedens ist, so kann dieses Modell doch nicht ohne Abstriche auf die Beziehungen der Staaten untereinander übertragen werden. Ist es überhaupt die äußere oder völkerrechtliche Souveränität, die den äußeren Frieden garantiert und Krieg zwischen Staaten vermeidet? Schafft die Monopolisierung der Gewalt in der Hand des Staates auch nicht den inneren Frieden, so ist sie doch die Bedingung dafür, diesen durchzusetzen. Andererseits ist sie die Voraussetzung eines Krieges zwischen Staaten. Äußerer Friede beruht auf der wechselseitigen Akzeptanz von Staaten untereinander, die ihrerseits bereit sein müssen, von der ihnen abgetretenen Gewalt keinen oder nur im Ausnahmefall Gebrauch zu machen.

Wie innere Souveränität auf der Anerkennung der Staatsbürger untereinander basiert, so erfordert äußere Souveränität Akzeptanz durch andere Staaten. Dies heißt, der Staat ist in seiner Wirksamkeit nach außen nicht nur auf sich selbst bezogen. Kein Staat ist autark, denn jeder besitzt Nachbarn, von denen er niemals durch eine unüberschreitbare Grenze getrennt ist. Staaten sind füreinander zugänglich und in der gegenseitigen Akzeptanz voneinander abhängig. Die gegenseitige Zugänglichkeit bestimmt sich aus der natürlichen Gliederung der Landschaft, aber ebensosehr aus der Verwandtschaft, aus der Gleichheit der Religion, der Sprache, den Lebensgewohnheiten, der historischen Entwicklung, der Bildung und der Art der politischen wie gesellschaftlichen Institutionen eines Landes. Gleichheit mag binden, Ungleiches abstoßen. Freundschaft und Feindschaft hängen davon ab, ob es ein Gemeinsames gibt, das bejaht oder verneint wird. Bündnisse und Verträge können nur dann wirksam werden, wenn sie auf einer bestehenden Gemeinsamkeit beruhen. Doch ist weder die Ähnlichkeit der regionalen Lage, die Gleichheit der Kultur, noch der Religion ein Garant für ein friedliches Zusammenleben. In der Gegenseitigkeit der Berührung liegt der Möglichkeit nach immer auch Trennendes. Nachbarschaft kann Freundschaft, aber auch Feindschaft bedeuten. Wo es keine gemeinsamen Interessen gibt, gibt es auch keine Konflikte. Dies ist nicht zuletzt der Grund, warum voneinander weit entfernte Staaten und Völker konfliktfrei miteinander auskommen.

Für das innerstaatliche Miteinander einzelner Personen und ihr Verhältnis zu Institutionen ist weitgehend geklärt, was rechtens ist. Ein Rechtsstreit kann vor einer endgültigen Entscheidung verschiedene voneinander unabhängige Instanzen durchlaufen, so daß die Voraussetzung für eine Klärung relativ hoch ist. Die letztgerichtliche Entscheidung ist daher bindend. Im Verhältnis von Staaten ist bereits die Frage, was Recht ist, ungleich schwieriger zu lösen. Ein Streit zwischen Staaten kann nicht geradewegs durch einen Richter geschlichtet werden, so daß zwischenstaatliche Probleme nicht in erster Linie rechtlich, sondern politisch zu lösen sind.

Zwar gibt es wie im innerstaatlichen Bereich in der Beziehung zwischen Staaten rechtliche Regelungen, so daß es für den einzelnen Bürger, gleichgültig welche Staatsangehörigkeit er besitzt, kein Rechtsvakuum gibt, doch das das Verhältnis der Staaten untereinander regelnde übernationale Recht ist nicht mit der gleichen Verbindlichkeit ausgestattet. Nur das nationale Recht, und nicht das überstaatliche, bindet in jedem Fall bei Strafe und verpflichtet so zu seiner Befolgung. Die Durchsetzung internationalen Rechts hängt wie eh und je von der Bereitschaft einzelner betroffener Staaten ab, dessen Einhaltung von sich und anderen zu erzwingen. Das Fehlen eines konsensfähigen und allgemeingültigen Verständnisses von Recht wiegt schwer. Doch ebenso schwer wiegt der Ausstand einer Kraft, die die Einhaltung eines solchen Rechtes durchsetzen könnte. Es gibt ein staatlich, aber kein überstaatlich funktionierendes Gewaltmonopol.

Welches sind die Schwierigkeiten, sich auf ein solches Recht und seine Durchsetzung allgemein verbindlich zu verständigen?

Wie die innerstaatliche Souveränität sich nicht unabhängig vom Freiheitsbewußtsein und den Gerechtigkeitsvorstellungen der Staatsbürger in Gesetze fassen läßt, so auch die äußere. Hier erweist sich jedoch für einen Konsens zwischen Staaten erschwerend, daß deren Individualität sich in einer unterschiedlichen Geschichte, Religion, Kultur und ethnischen Zugehörigkeit entfaltet hat und deren Bürger diese leben. Sinn innerstaatlicher Souveränität ist es, die Freiheit aller Bürger als die Freiheit jedes einzelnen zu ermöglichen. Die äußere Souveränität aber ist nicht nur die „Eigenschaft eines Staates, kraft welcher er nur durch eigenen Willen rechtlich gebunden werden kann"[213], sondern ebenso die Voraussetzung der innerstaatlichen Gestaltungsmöglichkeit, somit Ausdruck des die Bürger einigenden und repräsentierenden Staatswillens.

Das Völkerrecht ist zwar gemeinsamer Wille, doch verglichen mit innerstaatlichen Formen der Souveränität entspricht es am ehesten einer sogenannten Souveränität des Rechts oder der Vernunft. Von einer solchen wird gesprochen, wenn alle staatliche Gewalt vom Verfassungsrecht bestimmt und beschränkt ist, es gewissermaßen keinen Träger der Souveränität mehr gibt, sondern die Rechtsordnung selbst als der eigentliche Souverän angesehen werden muß. Träger überstaatlicher Souveränität sind alle Staaten, aber diese bilden in ihrem Willen keine in sich individuelle Einheit. Das Völkerrecht müßte daher selbst der Souverän sein. Ein Gedanke, dem auch Kant zugeneigt ist, wenn er festhält, daß nicht der Regent der „Souverän" ist, sondern dieser nur „das personifizierte Gesetz" ist, auch wenn er als Regent für die Einhaltung und Durchsetzung zu sorgen hat.[214] Doch welcher Regent ist in diesem Falle beauftragt und vermag, das Völkerrecht durchzusetzen? Es stellt einen Rechtsbereich dar, der seit Hugo Grotius zur Regelung der Beziehungen der Staaten untereinander entwickelt wurde. Die militärischen Einsätze der Vereinten Nationen, die friedenserhaltenden (peace keeping) Missionen ebenso wie die friedensschaffenden Maßnahmen (peace enforcement) hängen in ihrer Durchführung von den spezifischen politischen Interessenslagen jener Staaten ab, die die militärische Schlagkraft besitzen, solche Aufträge zu übernehmen und durchzuziehen. Internationales Recht, Völkerrecht, ist eben ein bloßes Sollen, denn die zu seiner Durchsetzung geschaffenen Gerichtshöfe besitzen keine ausführende Gewalt. Und noch eine Frage bleibt: „Ist ein solches souveränes Vernunftrecht nicht blutleer und vermag gerade deswegen die Individualität derer, für die es gilt, nicht zu befriedigen?"

Im Sinne eines Staatsbegriffes, der den Ursprung und Zweck des Staates primär in einem Unterwerfungs- oder Gesellschaftsvertrag sieht, hieße der Verzicht auf das Gewaltmonopol Verzicht auf Staatlichkeit. Inwieweit aber kann ein Staat auf politische und militärische Souveränität verzichten, ohne sich gleichzeitig in seiner *Besonderheit* und *Individualität* aufzugeben? Hat Kant etwa Unrecht, wenn er Staatlichkeit durch Souveränität bestimmt sieht? Wie muß der Staat gedacht sein, wenn das Fehlen seiner Souveränität ihn seiner Staatlichkeit nicht verlustig gehen lassen soll? Wie weit reicht die Analogie zwischen innerer und äußerer Souveränität? Wäre die Staatlichkeit auch garantiert, wenn nur die äußere Souveränität fehlen würde?

Wir versuchen folgendes zu antworten: Souveränität konstituiert Staatlichkeit durch Machtausübung, doch ist Souveränität nicht identisch mit dem Besitz des Gewaltmonopols. Sie ist diejenige Verwirklichung von Freiheit, durch die „im gesetzlichen und konstitutionellen Zustande" die besondere Berechtigung der Verfügungsmacht sich nicht ihr eigener Zweck ist, sondern „*vom Zwecke des Ganzen* (den man im allgemeinen mit einem unbestimmten Ausdrucke das *Wohl des Staats* genannt hat)"[215] bestimmt wird.

Die Souveränität des Staates, der ja nichts anderes sein soll als die „Organisation des Begriffs der Freiheit"[216], ist so gesehen die Wahrung eines Ganzen, mittels dessen die Freiheit des einzelnen in seiner Individualität so institutionalisiert wird, daß sie nicht durch die Freiheit anderer unmöglich gemacht wird oder die Freiheit anderer unmöglich macht. Mit dem Staat sich zu identifizieren heißt daher Bejahung des Rechts und der Moralität, also Bejahung der äußeren wie der inneren Freiheit der Bürger.

Überstaatlich gesehen ist es die äußere Souveränität, für die die „Individualität" des Staates ein ausschließendes Verhältnis zu anderen Staaten ist, deren jeder selbständig gegen die anderen ist. Die innere Souveränität wäre wohl weiterhin innerstaatlich am Zweck des Ganzen des Staates ausgerichtet. Aber welches Ganze – doch nicht das eines individuellen Staates, sondern das aller Staaten – ist es, an dem die äußere Souveränität sich künftig zu orientieren hätte? Die schon von Bodin vorgenommene Wendung der im inneren Souveränitätsbegriff enthaltenen Struktur nach außen zur Bestimmung der äußeren Souveränität bewirkte nicht die Ausbildung eines universalen, sondern eines partikularen Verständnisses dieses Begriffes. Gleichzeitig wurde die deutliche Bindung der Souveränität an das Naturrecht auf die innere eingeschränkt, unter der Annahme, „daß Staaten und ihre Repräsentanten sich untereinander im Stande der natürlichen Freiheit, also im Naturzustand befinden[...]".[217] Das Völkerrecht ist sicherlich nicht weniger Recht als das staatliche Recht, wenngleich seine Respektierung nicht mittels Gewalt eingefordert werden kann. Es universal durchzusetzen würde bedeuten, den universalen Staat vorauszusetzen, der wiederum von seinem Begriff her so abstrakt wäre, daß fraglich ist, ob das „Selbstgefühl, das ein Volk in seiner Unabhängigkeit hat"[218], als Individuum noch möglich wäre.

Welches sind die Alternativen? Der Umstand, daß, moderne Kommunikationsmittel alle Völker zu Nachbarn werden lassen, enthält zwar die Chance, daß die Welt zur Einheit zusammenwächst, ein freundschaftliches Miteinander zu einer gemeinsamen Anerkennung der Menschenrechte und eines Völkerrechts führt[219], schließt aber die Gefahr nicht aus, daß die zunehmende Nähe nur die Unterschiedlichkeit der Lebens- und Gerechtigkeitsvorstellungen bewußt macht und die Fremdheit steigert. Gemeinsame Interessen können der Grund zur Kooperation wie zum Konflikt sein. Solange äußere Souveränität durch ein und dasselbe Gewaltmonopol wie die innere gewährleistet wird, kann sich im zwischenstaatlichen Verkehr auf lange Sicht keine Rechtseinrichtung mit Sanktionsbefugnissen durchsetzen, die ein friedliches Zusammenleben zu garantieren vermag. Eine Souveränität, die eine je unterschiedliche ist und nicht aus der Gemeinsamkeit eines Zweckes entspringt, würde nur ihr eigenes Recht zu verwirklichen suchen und den Staat zu ihren Gunsten von seinem Gewaltmonopol Gebrauch machen lassen.

Hegel trifft in seiner Erklärung der Ursachen des Krieges den Nagel auf den Kopf, wenn er ausführt, daß gerade die Rechte selbst es sind, die in Kollision miteinander geraten[220]. Im Krieg beruft sich jede der Parteien auf ihr Recht und klagt die andere der Verletzung ihres Rechtes an. Dies ist möglich, weil das Recht des einen Staates unterschieden ist vom Recht des anderen Staates und das jeweilige Recht nur

dem jeweiligen Staat zukommt. Staatliches Recht spiegelt Gemeinsamkeit und Individualität der in ihm lebenden Menschen wider und
ist daher nach deren Bedürfnissen geformt:

> *Das Recht ist der durch Verträge festgesetzte und zugestandene Nutzen*
> *des einen Staates, und weil in den Verträgen überhaupt die verschiedenen*
> *Interessen der Staaten festgesetzt sind, als Rechte aber diese Interessen so*
> *unendlich vielseitig sind, so müssen sie und damit auch die Rechte selbst*
> *in Widerspruch geraten, [...] und der Krieg, oder was es ist, hat nunmehr*
> *zu entscheiden, nicht, welches Recht der von beiden Teilen behaupteten*
> *das wahre Recht ist – denn beide Teile haben ein wahres Recht –, sondern*
> *welches Recht dem anderen weichen soll. Krieg, oder was es sonst ist, hat*
> *dies gerade darum zu entscheiden, weil beide sich widersprechenden Rechte*
> *gleich wahr sind, also ein Drittes – und dies ist der Krieg – sie ungleich*
> *machen muß, damit sie vereinigt werden können, was dadurch geschieht,*
> *daß eins dem andern weicht.*[221]

Ein Krieg entscheidet nur, welches Recht welchem Recht weichen
muß. Die Frage der Gerechtigkeit bleibt durch ihn unentschieden,
denn die Ergebnisse eines Krieges sind als historische Tatsachen eben
nur vorläufige Tatsachen. Sofern der Krieg nur die Macht der Negativität ist, gleicht er einer „Arbeit ohne Zweck"[222], und stellt selbst
den eklatantesten Widerspruch zur Gerechtigkeit dar.

Wenn sich die von Marx prognostizierte Entwicklung der Geschichte erfüllt hätte und anstelle der nationalen Kultur und der durch
sie geprägten Völker eine in sich homogene und universale Welt-
kultur getreten wäre, so wäre in solch einer klassenlosen, auf gegenseitiger Solidarität aufbauenden Gesellschaft noch nicht unbedingt
Gerechtigkeit zu ihrem Recht gekommen. Gerechtigkeit besteht nicht
in der Negation und dem Überspringen der Unterschiede, sondern
in ihrer Wahrnehmung. Obgleich die Geschichte nun einen anderen
Weg eingeschlagen hat, darf nicht übersehen werden, daß die technische und kommunikative Annäherung der Menschen aller Konti-
nente eine permanente Hinterfragung der nationalstaatlichen Organisation der Völker bedeutet, und zudem die mit der Ökologiekrise
und mit der atomaren Technik verbundenen Probleme für national-
staatliches Denken und Handeln eine unlösbare Aufgabe darstellen.
Wenn wir nun trotz aller Desintegrationstendenzen gleichzeitig ein

Wiedererstarken des Nationalen – und dies nicht in der Gründung neuer Staaten – erleben, so zeigt dies, daß trotz der Notwendigkeit politischer, militärischer, technologischer und kommunikativer Netzwerke zur Prävention und Bedrohungsbewältigung und tatsächlich bestehender Bündnisse und kooperativer Interessen es nicht alleine die Furcht ist, die zur Staatenbildung führt.

2. Der Weg zum „Ewigen Frieden"

Das Völkerrecht stellt eine Bedingung des Friedens dar, weil es wie alles Recht die Einhaltung einer bestimmten Ordnung fordert und dies ohne Vorbehalt hinsichtlich der Gründe für die Einhaltung. Doch der Weg zur Herausbildung eines solchen Rechts sollte ein langer sein. Das moderne Völkerrecht bedeutet einen sittlichen Fortschritt, denn es besitzt, anders als das römische *ius gentium*, das nur die Rechtsverhältnisse zwischen römischen Bürgern und Nichtbürgern und deren Verhältnisse untereinander vor römischen Gerichten regelte, eine allgemeine Verbindlichkeit und erfordert nicht eine bestimmte Staats-, Volks- oder Religionszugehörigkeit. Eine solche Allgemeinheit besaß auch das mittelalterliche Völkerrecht nicht, da die abendländische Christenheit unter der Oberhoheit von Kaiser und Papst eine für sich einheitliche, christliche Rechtsgemeinschaft bildete. Als die Vereinigten Staaten und im Pariser Frieden 1856 das Osmanische Reich in diesen Verband aufgenommen wurden, war die Geltung dieses Rechtes zwar erheblich erweitert worden, doch der Großteil der von sogenannten „Wilden" bewohnten Gebieten Amerikas, Afrikas und Asiens galt als *terra nullius*, und das Völkerrecht fand auf diese keine Anwendung. Erst zur Zeit der Gründung des Völkerbundes wurde es zu einem universalem Recht, in dessen Geltung fast alle Staaten einbezogen waren.

Es war Kant, der gewissermaßen Platons Forderung eines Friedens der Menschen mit sich selbst, wenn auch nicht als individuelle, so doch als formale Voraussetzung eines allgemeinen Friedens denkbar zu machen suchte, so daß nach ihm schon Hegel vom sittlichen Charakter des Völkerrechts als äußerem Staatsrecht ausgehen konnte. Nach Kant ist eine „Kritik" der reinen Vernunft als der „wahre Gerichtshof für alle Streitigkeiten derselben anzusehen", denn ohne dieselbe wäre „die Vernunft gleichsam im Stande der Natur und kann ihre Behauptungen und Ansprüche nicht anders geltend machen oder sichern, als durch *Krieg*. Die Kritik dagegen [...] verschafft uns die Ruhe eines gesetzlichen Zustandes, in welchem wir unsere Streitigkeit nicht anders führen sollen, als durch *Prozeß*". In einem solchen geht es nicht um Sieg und Niederlage, sondern, weil letztlich die Vernunft selbst „die Quelle der Streitigkeiten" ist, muß ihr Richtspruch „einen ewigen Frieden gewähren".[223] Die Selbstkritik der Vernunft erscheint so für Kant als das Mittel zu einem dauernden Frieden, und er begreift die in ihren Grenzen sich bewegende Vernunft als Garantin des Friedens.

Kant meint in der Vernunft eine Instanz gefunden zu haben, von der her ein Konfliktfall zu lösen wäre, auch wenn es sich um einen Streit unterschiedlicher Rechtssysteme handelt, weil er einen solchen Widerstreit als „Ausdruck des Naturzustandes und seines Kampfes aller gegen alle" sieht. Muß die Auseinandersetzung als „rechtswidriger Streit begriffen werden", dann, so Kants Überlegung, kann das umstrittene Anliegen erst in einem *status civilis* angemessen beurteilt werden.[224] Wir können in diesem Punkte Kant beipflichten, garantiert doch kein im Krieg errungener Sieg den Sieg der Gerechtigkeit. Andererseits müssen wir uns vor Augen halten, daß die Vernunft *a priori* bei Kant die geschichtlich-politische Realität, damit das Konfliktgeschehen, grundsätzlich außer sich hat. Zwar ist, wie beispielsweise in der Satzung der Vereinten Nationen, die Berufung auf die menschliche Natur zur Rechtfertigung des Verteidigungskrieges anerkannt, aber diese Natur ist nicht identisch mit der in der Vernunft *a priori* gedachten. Eine solche apriorische Vernunft kennt nämlich den Begriff des Menschen nur als reinen Begriff und muß sich daher ihre *Ohnmacht* in der Anwendung auf den empirischen Begriff des Menschen eingestehen. Zur Bereinigung eines Konfliktfalles kann eben deswegen kein auf eine apriorische Vernunft sich berufendes Recht hinreichen, sondern eben nur ein positives. Sicher ist Kant zuzustimmen, daß ein Streit nur im *status civilis* zu lösen ist, aber nicht nach der Fassung eines apriorischen, sondern nach der eines positiven Völkerrechtes.

Der zitierte Satz von der reinen Vernunft als dem wahren Gerichtshof für alle Streitigkeiten ist der *Kritik der reinen Vernunft* entnommen, und Kant weiß um die abstrakte Allgemeinheit der Kritik einer solchen Vernunft. Er fordert eine Theorie des Staates und die Darlegung der Bedingungen, unter denen politisch-geschichtlich eine allgemein das Recht verwaltende bürgerliche Gesellschaft sich entfalten und Bestand haben kann. Hierzu gehört es, „den Menschen [...] seiner Würde gemäß zu behandeln".[225] Die Prinzipien herauszuarbeiten, die einer politischen Umsetzung eines solchen Konzeptes dienen, ist die Absicht der Schrift *Zum ewigen Frieden*. Für Kant stellt sich Friede nicht schicksalhaft ein, und er ist kein Gegenstand einer abwartenden Hoffnung, sondern eine *moralische Pflicht*, zu deren Erfüllung beizutragen die Aufgabe eines jeden Menschen ist. Man kann in der Herbeiführung des Friedens durchaus eine dem kategorischen Imperativ entsprechende Verpflichtung sehen.

Sofern Friede nicht durch die Handlung eines einzigen gestiftet werden kann, sondern Ausdruck eines gemeinsamen politischen Willens ist, besitzt er Rechtscharakter, und es muß gewissermaßen einen Bund – Kant spricht von „Friedensbund *(foedus pacificum)*" – geben, für den jene Prinzipien gelten, die für einen den Frieden suchenden Willen konstitutiv sind und Rechtscharakter haben.[226]

Was erwartet Kant von einem Friedensbund, wenn so, wie Staaten ihr Recht verfolgen, es nur der Krieg sein kann, durch den ihnen Recht zugesprochen wird? Der Staatenbund soll den Rekurs auf die Vernunft garantieren und so den Krieg als Mittel der Konfliktregelung ausschließen. Auch wenn Kant entgegen dem Titel seines Entwurfes durchaus nicht der Auffassung ist, daß es so etwas wie einen ewigen Frieden je geben werde, hält er zur Einschränkung der Zahl der Kriege und zu ihrer Humanisierung eine Vereinigung freier Staaten für unabdingbar. Im ersten Abschnitt, der die Präliminarartikel zum ewigen Frieden unter Staaten enthält, schreibt er ausdrücklich, daß sich kein Staat im Kriege mit einem anderen solche Feindseligkeiten erlauben solle, „welche das wechselseitige Zutrauen im künftigen Frieden unmöglich machen müssen". Kant akzeptiert zwar nicht den Krieg als ein Mittel der Politik und sieht in ihm nur „das traurige Notmittel im Naturzustande, [...] durch Gewalt sein Recht zu behaupten"[227], weil in diesem kein Gerichtshof vorhanden ist, der rechtskräftig urteilen könnte. Da er sich aber nicht der Utopie hingibt, daß der Naturzustand ein für alle Male überwunden sei und es keinen Rückfall in ihn geben könne, erklärt er einen „Ausrottungskrieg" für „schlechterdings unerlaubt". Als Ausrottungskrieg beschreibt er einen Krieg, bei dem „die Vertilgung beide Teile zugleich und mit dieser auch alles Recht treffen kann" und der „den ewigen Frieden nur auf dem großen Kirchhofe der Menschengattung stattfinden lassen würde".[228] In einem solchen Krieg sieht Kant nicht einmal ein Notmittel.

Wenn Kant darauf hinweist, daß Kriege sehr wohl ein Notmittel sein könnten, Recht durchzusetzen, eben weil es keinen Gerichtshof gibt, so stellt dies keine Legitimierung der vielen nicht-atomaren Kriege dar, nur weil diese nicht die Menschengattung insgesamt ausrotten würden. Kants Aussage formuliert eine Ablehnung des Krieges als Mittel der Politik insgesamt. In der *Rechtslehre* bezeichnet er den Frieden als das „höchste politische Gut" und sieht in ihm „den ganzen Endzweck der Rechtslehre, [...] denn der Friedenszustand ist allein der unter Gesetzen gesicherte Zustand".[229] Ein solcher Rechtszustand ist nach Kant deswegen einer des Friedens, weil es ein Grundsatz der „moralischen Politik" ist, „daß sich ein Volk zu einem Staat nach den alleinigen Rechtsbegriffen der Freiheit und Gleichheit vereinigen solle"[230]. Kant sieht keinen Widerstreit zwischen Moral und Politik[231] und meint, einen solchen könne es nur subjektiv geben. Friede ist für ihn folglich nur dort möglich, wo die Anerkennung eines gerechten Rechtes, also eines auf Moral und Gerechtigkeit aufbauenden Rechtes, Pflicht des Handelns ist. In Anlehnung an die Bergpredigt des Neuen Testaments formuliert Kant dies so: „Trachtet allererst nach dem Reiche der reinen praktischen Vernunft und nach seiner Gerechtigkeit, so wird Euch Euer Zweck (die Wohltat des ewigen Friedens) von selbst zufallen."[232]

Gerade weil Kant im Staat eine moralische Institution sieht, ist eine Konfliktregelung sowohl innerstaatlich als auch zwischenstaatlich nur moralisch legitim, wenn sie auf *Recht* beruht. Er fordert die Schaffung eines *solchen* Rechtes, durch das der Staat zum einen seine *Souveränität* nicht verliert, zum anderen der für seine Existenz notwendige *Schutz* geleistet ist. Aus diesem Grunde soll der *Friedensbund* „auf keinen Erwerb irgendeiner Macht des Staats" gerichtet sein, sondern „auf Erhaltung und Sicherung der *Freiheit* eines Staats für sich selbst und zugleich anderer verbündeten Staaten, ohne daß diese doch sich deshalb (wie Menschen im Naturzustande) öffentlichen Gesetzen und einem Zwange unter denselben unterwerfen [...]"[233]

In der Rechtslehre spricht Kant dem Staat Autonomie zu und versteht darunter das Recht, „sich selbst nach Freiheitsgesetzen" in seiner Individualität zu bilden und zu erhalten.[234] In ihr gründet die Souveränität, derentwegen Kant sich gegen einen „Völkerstaat" für einen Friedensbund bzw. Staatenbund ausspricht.[235]

Der Zusammenschluß aller Staaten in einem Völkerstaat oder in einer Weltrepublik hieße Abgabe von Souveränitätsrechten. Wenn die Bildung eines solchen Völkerstaates sogar nach der Vernunft geboten ist und es keine andere Art gibt, der zwischenstaatlichen Gesetzlosigkeit effektiv und auf Dauer zu entgehen, so stellt sich die Frage, warum Kant der Souveränität von Staaten den Vorzug gibt gegenüber der Chance eines ewigen Friedens. Ist es politische Klugheit, ist es Pragmatik, oder stellt der Staat in seiner Individualität auch für ihn an sich ein „Gut" dar, ohne das es letztlich auch keinen ewigen Frieden geben könnte? Liegt hier vielleicht gar eine Dialektik der reinen praktischen Vernunft verborgen, führt doch die Konstitution eines Weltstaates zu einem unerläßlichen Freiheitsverzicht.

Wir wissen, daß Kant eine rechtliche Verfassung, also einen Staat, für besser hält als gar keinen, weil es dann keinen Rechtsschutz gebe. Doch dieser Rechtsschutz würde ja dann durch den Völkerstaat garantiert werden. Kant scheint es hier um etwas anderes zu gehen. Beachten wir, daß Kant den Begriff des Staates von dem des Volkes her denkt und behauptet: „Völker als Staaten können wie einzelne Menschen beurteilt werden".[236] Hierbei ist Kants Begriff „Volk" nicht immer in sich konsistent. Einmal versteht er unter Volk eine Rechtseinheit, eben eine Menge von Menschen, die „des rechtlichen Zustandes unter einem sie vereinigenden Willen, einer *Verfassung (constitutio)*, bedürfen, um dessen, was Rechtens ist, theilhaftig zu werden"[237]. Bezüglich dieses Volksbegriffes könnte man von einer Identität der Begriffe Volk und Staat sprechen. Der andere Begriff „Volk", den Kant verwendet, versteht unter diesem eine Gemeinsamkeit der Herkunft, der Sprache, der Kultur und Religion. Unter Bezugnahme auf diesen zweiten Begriff von Volk heißt es in der Friedensschrift, daß die Idee des Völkerrechts „die *Absonderung* vieler voneinander unabhängiger benachbarter Staaten" voraussetzt, und „obgleich ein solcher Zustand an sich schon ein Zustand des Krieges ist [...], so ist doch selbst dieser nach der Vernunftidee besser als die Zusammenschmelzung derselben durch eine die andere überwachsende und in eine Universalmonarchie übergehende Macht, weil die Gesetze mit dem vergrößerten Umfange der Regierung immer mehr an ihrem

Nachdruck einbüßen, und ein seelenloser Despotism, nachdem er die Keime des Guten ausgerottet hat, zuletzt doch in Anarchie verfällt"[238]. Die Natur, schreibt Kant, will es anders:

> *Sie bedient sich zweier Mittel, um Völker von der Vermischung abzuhalten und sie abzusondern, der Verschiedenheit der Sprachen und der Religionen [...], die zwar den Hang zum wechselseitigen Hasse und Vorwand zum Kriege bei sich führt, aber doch bei anwachsender Kultur und der allmählichen Annäherung der Menschen zu größerer Einstimmung in Prinzipien zum Einverständnis in einem Frieden leitet, der nicht wie jener Despotism (auf dem Kirchhof der Freiheit) durch Schwächung aller Kräfte, sondern durch ihr Gleichgewicht im lebhaften Wetteifer derselben hervorgebracht und gesichert wird.*[239]

Der Schlüssel zum Verständnis Kants ist seine Überzeugung, daß Völker eben wie einzelne Menschen beurteilt werden können, und es zu ihrem Wesen gehört, ihre Eigenständigkeit und Verschiedenheit zu behalten. Deshalb kann auch niemand über einen Staat, als den sich ein Volk organisiert, verfügen, denn er ist keine „Habe". Ihn nun, „der selbst als Stamm seine eigene Wurzel hatte, als Pfropfreis einem anderen Staate einzuverleiben, heißt seine Existenz als einer moralischen Person aufheben und aus der letzteren eine Sache machen und widerspricht also der Idee des ursprünglichen Vertrags, ohne die sich kein Recht über ein Volk denken läßt".[240] Kant spricht sich für den Staatenbund gegen den Völkerstaat aus, weil er befürchtet, daß dieser letztlich ein sinnloses Gebilde ohne Eigenkultur sein wird und in ihm die rechtliche Eigenständigkeit und Handlungsfreiheit nicht nur der einzelnen Staaten, sondern auch der Individuen nicht gewährleistet ist.

Gegen Kants Vorstellung von einem Frieden, aber ebenso gegen die Politik seiner Zeit, insbesondere gegen Metternichs Errichtung einer Allianz der restaurativen Kräfte, schrieb Hegel, daß beide, Kant und Metternich, der gleichen Illusion erliegen:

> *Ewiger Friede wird häufig als ein Ideal gefordert, worauf die Menschheit zugehen müsse. Kant hat so einen Fürstenbund vorgeschlagen, der die Streitigkeiten der Staaten schlichten sollte, und die Heilige Allianz hatte die Absicht, ungefähr ein solches Institut zu sein. Allein der Staat ist Indi-*

viduum, und in der Individualität ist die Negation wesentlich enthalten. Wenn also auch eine Anzahl von Staaten sich zu einer Familie macht, so muß sich dieser Verein als Individualität einen Gegensatz kreieren und einen Feind erzeugen.[241]

Man wird Hegel schwerlich widersprechen können, und doch kann man ihm gegen Kant nicht recht geben. Zwar sind alle Fürstenbünde und ähnliche Organisationen bis hin zum Völkerbund gescheitert, doch auch Kant war sich im klaren, daß ein ewiger Friedenszustand eine Utopie sei, und er hält daher die Selbstverteidigung für die moralisch angemessene Reaktion auf einen Angriff.[242] Im Zusatz zum Paragraphen 324 nimmt Hegel zum Ideal eines ewigen Frieden Stellung und erinnert, daß Kant einen Fürstenbund vorgeschlagen habe, der die Streitigkeiten der Staaten schlichten solle, ähnlich wie damals die Heilige Allianz, die ein ebensolches Ziel hatte. Hegel hat Bedenken gegen die Durchsetzungsfähigkeit eines solchen Bundes. Er argumentiert, daß der Staat Individuum sei und daß in der Individualität die Negation wesentlich enthalten ist. Das heißt, wenn „eine Anzahl von Staaten sich zu einer Familie macht, so muß sich dieser Verein als Individualität einen Gegensatz kreieren und einen Feind erzeugen".[243] Wir mögen fragen, muß das so sein? Fordert Individualität nicht vielmehr gegenseitige Anerkennung? Gerade im äußeren Staatsrecht basiert die Individualität doch auf Anerkennung. Staaten jedoch – so das Argument – sind nicht Personen.[244]

Mit seiner Bezeichnung des Staates als Individualität oder Individuum will Hegel vom modernen Staat sagen, daß er sich im Wissen seiner Einzelheit und Freiheit mittels seiner Entscheidungsträger, z.B. der Regierung, als absolutes und individuelles Selbst verhält.[245] Dieser Vergleich zeigt den Staat in der gleichen paradoxen Situation, in der jede einzelne Person sich weiß. Ist das *Gewissen* des einzelnen ein „Heiligtum, welches anzutasten *Frevel* wäre"[246], so steht es doch, und mit ihm jeder einzelne, in der permanenten Gefahr, „ins *Böse* umzuschlagen"[247]. Nicht anders ergeht es dem Staat in seiner Souveränität, auch er lebt in einer permanenten Gefährdung. Er ist die „absolute Macht auf *Erden*"[248] und bedarf doch der *Anerkennung* durch andere Staaten, um als Staat existieren zu können. Da nun Staaten in ihrer Souveränität, anders als menschliche Individuen, bei der Suche des moralisch Guten im Konfliktfall ohne einen Richter sind, der zwischen den Streitenden zu vermitteln oder ein Urteil zu fällen wüßte, erinnert Hegel daran, daß Napoleon vor dem Frieden von Campoformeo sagte: „Die französische Republik bedarf keiner Anerkennung, sowenig wie die Sonne anerkannt zu werden braucht." Und er kommentiert diesen Satz, mit der Feststellung, daß in diesen Worten bereits „die Stärke der Existenz" liege, „die schon die Gewähr der Anerkennung mit sich führt, ohne daß sie ausgesprochen wurde".[249] Anerkennung des Staates entspringt nicht der freien Entscheidung Vernunft, sondern wird erzwungen durch Gewalt und Macht.

Das Argument Hegels gegen Kants Vorstellung eines „Ewigen Friedens", es gebe für eine überstaatliche souveräne Institution keine Möglichkeit, einen solchen zu schaffen, ist auch heute noch nicht widerlegt. In der Vorstellung eines Weltstaates, der alle Länder und Völker umfaßt, lassen sich zwar keine äußeren Feinde für diesen mehr denken, doch das Konfliktpotential, das sich aus der Gegensätzlichkeit unterschiedlicher Staaten ergibt, wäre nach innen verlagert. Schon das Vorhandensein einer Kraft zur Formierung eines solchen universalen Gebildes ohne äußere Not darf bezweifelt werden. Existiert schon individuelles Dasein nur im Gegenbezug von Gemeinsamkeit und Differenz, würde der Mangel an einer Unterschiedenheit nach außen zu einer Verstärkung der inneren Unterschiedenheit führen und diesen Weltstaat unregierbar machen. Die Staatsgewalt, die versuchen wollte, einen solchen Staat zu regieren, müßte, um alle kulturellen und sozialen Konflikte der verschiedenen Völker untereinander von vornherein nicht aufkommen zu lassen, Freiheit in einem Maße beschneiden, daß Opposition die einzige rechtmäßige Antwort auf eine solche Unterdrückungspolitik wäre.

Mehr Chancen zur Herbeiführung eines Friedens hat eine von Kant angedachte internationale Verschränkung der einzelnen Staaten in entsprechenden Organisationen und Institutionen. Doch auch die heute bedeutungsvollste dieser Institutionen, die „Vereinten Nationen", muß grundsätzlich zum Krieg führen bereit sein und kann hierbei vielleicht einige Kriege verhindern, aber nicht die immer neue Wiederkehr von Krieg. Keine Allianz, mag sie noch so souverän sein, ist von möglichen Anfeindungen ihrer Nachbarn ausgenommen, auch sie gewinnt ihre Souveränität nur im Bezug zu anderen Staaten. In dieser Hinsicht kommt auch ihr Individualität zu. Die Effektivität einer überstaatlichen Institution macht es erforderlich, daß sie wie ein Staat verfährt, sich von anderen Staaten unterscheidet und durch die Anerkennung durch andere zu ihrer Identifikation gelangt.

Neben den Vereinten Nationen gibt es eine Reihe anderer übernationaler und internationaler Institutionen, die aus der Politik nicht mehr wegzudenken sind (North Atlantic Treaty Organisation, Europäische Union, Arabische Liga) und die auch schon kriegerische Auseinandersetzungen von Mitgliedsstaaten untereinander durchstanden haben. Da diesen Organisationen und Institutionen während der letzten 50 Jahre in Europa eine Probe aufs Exempel erspart geblieben ist, gibt ihr Krisenmanagement Anlaß zur Hoffnung. Institutionen sind keine Idealgebilde und müssen es, anders als im Falle eines Welt- oder Universalstaates, auch nicht sein. Die Besonderheit einzelner Staaten im Gegensatz zur Besonderheit anderer Staaten kann im Rahmen internationaler Institutionen bestehen bleiben, denn die geforderte Übereinkunft zwischen einzelnen Staaten, und somit zwischen deren Bürgern, ist nur eine *partielle*. In einem Welt- oder Universalstaat hingegen – und deswegen müßte er ein Idealstaat sein – ist ein umfassender Konsens gefordert, so daß mit der Überwindung des Gegensatzes von Staatengemeinschaft und Einzelstaat zugleich der Gegensatz von Staat und Bürger überwunden sein muß. Der historische römische Staat, aber auch die Österreich-Ungarische Monarchie und zuletzt die Sowjetunion sind an der Divergenz der Willensziele des Staates und der seiner Bürger gescheitert. Die Allgemeinheit, Einheit und Identität eines Weltstaates würde „von innen her durch die im Staate nicht zur vollen Geltung kommende reale Sphäre der Staatsbürger erschüttert werden", so daß „*Bürgerkriege* [...] den Universalstaat wieder in relative Staaten entzweien" würden[250]. Jede Art von Staatenvereinigung – sei es eine Union, sei es die Umwandlung eines Kontinentes in einen gemeinsamen, neuen Staat mit eigener Verfassung – wird nur bestehen können, wenn sie tatsächlich zur *Heimat*, auch zu der des Herzens wird. Dies aber hat schon Hegel gewußt, als er ausdrücklich festhielt, daß „die Gleichheit der Gesetze und des Rechtsgangs Europa" so wenig zu einem Staat machen würden wie „die Gleichheit der Gewichte, Maß und des Geldes, [...]"[251]. Er wollte damit deutlich machen, daß es zu einem gemeinsamen Europa nur kommen könne, wenn, über solche Vereinbarungen hinaus, sich ein europäisches Selbstbewußtsein, eine Individualität entwickle, die es dem einzelnen gestatte, sich in diesem Staat heimisch und zuhause zu fühlen.

Die Philosophie, lehrt Kant, formuliert die Prinzipien dessen, was im Widerstreit der Gegner das Gemeinsame ist, die Bedingungen dafür, daß es so etwas wie Gemeinschaft gibt. Wenn diese Basis wechselseitig notwendiger und einklagbarer Gemeinschaft auch schmal ist, so ist sie doch die Bedingung, ohne die es kein freies Zusammenleben geben kann. Sieht man die Kritik der Vernunft als den Gerichtshof für alle Streitigkeiten derselben an, so ist die politische Vernunft nicht im Stande der Natur und hätte ihre Behauptungen und Ansprüche anders geltend zu machen als durch *Krieg*. Die „Kritik" der Vernunft als das dritte Stadium der Metaphysik, neben Dogmatismus und Skeptizismus[252], sagt Kant, „verschafft uns die Ruhe eines gesetzlichen Zustandes, in welchem wir unsere Streitigkeiten nicht anders führen sollen als durch *Proceß*", denn ihr geht es nicht um Sieg oder Niederlage, sondern um gesetzmäßigen Streit, um „die Sentenz, die, weil sie hier die Quelle der Streitigkeiten selbst trifft, einen ewigen Frieden gewähren muß".[253] Wenn wir dem hegelschen Geschichtsoptimismus nicht folgen können, sind wir genötigt auf Kants Kritizismus zu setzen, wollen wir das Feld nicht der Ohnmacht, nicht nur einer sich als Krieg ohnmächtig erweisenden Politik, sondern der Ohnmacht der Politik gegenüber dem Krieg überhaupt überlassen.

Es gibt eine Fülle von philosophischen Ansätzen zum Frieden auch in der Gegenwart, doch müssen wir fragen, ob diese über das von Kant kritisierte zweite Stadium, über den Skeptizismus, hinaus kommen, wenngleich wir ihre Kritik an absoluter Wahrheit anerkennen. Das postmoderne Denken „sowohl im Konzept des Widerstreits (Lyotard) wie auch im Konzept des Krieges des Lichts (Derrida), bietet keine theoretischen Aussichten auf einen vernünftigen Frieden, sondern macht den Krieg permanent"[254]. Kant geht es um ein Ende des Krieges, nicht eines des Kampfes und auch nicht um einen Frieden „in der Metaphysik, der dem Glaubensbedürfnis erwächst und der sich schließlich religiös rechtfertigt als Friede, der höher ist denn alle Vernunft". Diesem Frieden ginge „ein Sacrificium voraus, in das die Vernunft nicht einstimmen kann. Ihre Ansprüche werden geeint, indem man sie alle zugleich aufgibt. Das Ende des Streites wäre das Ende der Vernunft".[255]

VIII. Krieg ohne Gott

Der Glaube an einen Sinn und ein Ziel der Geschichte, seien diese innergeschichtlich oder religiös-eschatologisch gedacht, ist ebenso die Quelle der Hoffnung auf eine Zeit des ewigen Friedens, eine Rechtfertigung von Leid und Tod, wie auch die der Kraft zur Bereitschaft, diese auf sich zu nehmen. Ist es nicht im jüdisch-christlichen Denken Gott Zebaoth, zu deutsch der Herr der Heerscharen, mit dessen Sieg Friede einkehrt? Wenn eine am Frieden sich orientierende christliche Theologie heute versucht, andere Gottesbilder auszuleuchten, den Gott der Versöhnung, der Liebe, der Gnade in den Vordergrund zu stellen, so ist dies theologisch notwendig. Ob es aber auch legitim ist, die Gewaltsamkeit und Abgründigkeit Gottes auszublenden, mag eine andere Frage sein. Nicht nur Schwerter können zu Pflugscharen, auch Pflugscharen können im Namen Gottes zu Schwertern umgeschmiedet werden.[256] Das atheistisch-marxistische Denken setzte ebenso auf ein Ziel der Geschichte, von dem es meint, daß es nicht ohne Krieg zu erreichen sei: „Es ist längst anerkannt, daß Kriege, bei allen Schrecken und Nöten, die sie nach sich ziehen, mehr oder minder großen Nutzen dadurch bringen, daß sie viel Morsches, Überlebtes und Abgestorbenes in den menschlichen Institutionen unbarmherzig aufdecken, enthüllen und zerstören."[257]

Das Neue am neuzeitlichen Staats- und Kriegsverständnis zu verstehen, muß man sich bewußt machen, daß der Krieg diesem gewissermaßen keine „heilige Handlung" mehr ist, sondern seinen Ursprung im hervorbringenden Handeln des Menschen selbst hat. Nur so konnte Krieg auch zum Mittel der Politik werden. Der Umgang mit dem Tod, weniger getötet zu werden als vielmehr das Töten, war es, das ursprünglich im Vordergrund religiöser Überlegungen stand. Ganz anders hingegen wird in der Neuzeit gedacht. Hobbes faßt die Gründung des Staates geradezu als Protest, nicht gegen das Töten, sondern gegen das Getötetwerden, gegen den unnatürlichen und gewaltsamen Tod.

Die für das abendländische Denken maßgebliche Geisteshaltung, nämlich die christliche, entwickelte vorerst keine eigene Theorie des Krieges, weder die eines heiligen noch die eines gerechten Krieges. Ausschlaggebend hierfür war, daß das frühe Christentum nicht an der Macht partizipierte, und auch dort, wo die Erwartung der baldigen Wiederkunft Christi und eines kommenden Friedensreiches nicht ihre Gültigkeit hatte, die Christen in der römischen Macht die historisch letzte sahen. Die Äußerungen der Bibel sind insgesamt widersprüchlich. Zwar kennzeichnen das Alte im besonderen das Neue Testament das Gebot der Nächstenliebe und Aufrufe zum Verzicht von Gewaltanwendung, wie das Tötungsverbot des Dekalogs, die Aufforderung an Petrus, sein Schwert in die Scheide zu stecken, doch die Erzählung gottgewollter Kriege Israels, die Anerkennung der staatlichen Gewalt, der die Aufgabe zugesprochen wird, mit dem Schwert für Ordnung und Recht zu sorgen, sind ebenso Bestandteile der Heiligen Schrift.

Dort, wo Christen zum Kriegsdienst gerufen waren, stand während der ersten drei Jahrhunderte die Frage der Verpflichtung des römischen Soldaten, vor dem Standbild des Kaisers im Tempel zu opfern, im Vordergrund christlich-theologischer Überlegungen. Dies lehnten die Christen nämlich ab, aber es war nicht grundsätzlich eine pazifistische Überzeugung, die ihre Stellungnahme zum Kriegsdienst leitete.[258] Das römische Verständnis des Militärdienstes stand im Gegensatz zum christlichen Selbstverständnis des Glaubens an den dreieinigen Gott. Loyalität gegenüber dem Kaiser bekundend erklärte Tertullian bereits im Jahr 197, daß die Verweigerung des Opfers für den Kaiser nicht als feindlicher Akt und nicht als Ablehnung des Reiches zu verstehen sei: „Wir erbitten immer für alle Kaiser ein langes Leben für sie selbst, eine sichere Herrschaft, Schutz für ihr Haus, tapfere Heere" usw.[259] Eine grundsätzliche Ablehnung des Militärdienstes kann aus der Verweigerung des Opfers keinesfalls abgeleitet werden.

Die Frage, wie Christen mit politischer Macht umgehen sollten, stellte sich erst mit dem Mailänder Edikt des Kaisers Konstantin im Jahre 313. Die Anerkennung der christlichen Kirche und ihrer Freiheit bedeutete für diese, wenn nicht gleich politische Macht, so doch politische Verantwortung. Sieht man von einem Beschluß der Synode von Arles (314) ab, die unter dem Vorsitz des Kaisers tagte und festlegte, daß im Frieden Wehrdienstverweigerer exkommuniziert werden sollten[260], so ist eine Feststellung des Ambrosius von Mailand die für die Einschätzung des Krieges entscheidende Äußerung in der römisch-christlichen Zeit: „Wer nicht gegen das Unrecht, das seinem Nächsten droht, soweit er kann, kämpft, ist ebenso schuldig wie der, der es diesem antut."[261]

Die Gegensätzlichkeit zwischen dem christlichen Anliegen einer Umsetzung des Liebesgebotes und der Notwendigkeit des Umganges mit Macht begleitete von nun an unauflöslich die Spannung des abendländischen Selbstverständnisses und seiner Politik. Grundunterscheidungen wie die des Augustinus zwischen *civitas dei* und *civitas terrena* (Gottesherrschaft und Erdenbürgerschaft) stellen eine Umschreibung dieser Spannung, aber nicht ihre Auflösung dar, obgleich seine Argumentation die Diskussion über das Kriegsproblem vorläufig beendete. Die von Augustinus gebrauchte Zielvorstellung des Friedens als *tranquillitas ordinis*, einer Ruhe, die in der Ordnung besteht, und die Friedenstafeln von *De civitate dei* XIX, 13 sprechen dem Krieg einen relativen Sinn zu. Die Unterscheidung zwischen Gottesstaat und Erdenstaat erlaubt, Frieden letztlich als ewiges Leben zu verstehen, womit auch ausgesprochen ist, daß jeder irdische Frieden nur als Vorstufe eines endgültigen Friedens zu sehen ist. Der Krieg, der geführt wird, einen solchen zu erreichen, ist Aufgabe jedes dem irdischen Gemeinwesen angehörenden Christen. Dem Herrscher eines Staates war ausdrücklich die Pflicht zugesprochen, den Schutz der Kirche, wenn nötig auch mit militärischen Mitteln zu gewährleisten. Ein Anspruch, der bis in die Gegenwart immer wieder erhoben wurde und auch die deutsche Wiederbewaffnungsdiskussion nach dem Ende des Zweiten Weltkrieges bestimmte.[262]

Nicht zuletzt durch diesen Anspruch war der Begriff eines gerechten Krieges gewonnen. Wenngleich Augustinus Ciceros These eines *ius ad bellum*, eines Rechtes, Krieg zu führen, nicht übernehmen will, verweist er doch ausdrücklich auf ihn: „Irre ich nicht, so setzt sich Cicero in seinem dritten Buche über den Staat dafür ein, ein guter Staat führe Kriege nur um der Treue oder seines Heiles willen."[263]

1. Rechtfertigung des Krieges

Wenngleich Augustinus keine Lehre des gerechten Krieges systematisch entwickelte, sind die von ihm genannten Kriegsmotive Heil und Treue Wegzeichen für eine solche Lehre geworden. Heil wird vom Bestand des Staates und auch von dem der Kirche erwartet, und Treue steht für die Bündnisverpflichtung. Der Krieg, den ein Staat führt, indem er andere Völker zu besiegen sucht, ist für Augustinus ein Weg zum Frieden: Der Staat „verlangt in seinem niederen Bereich nach irdischem Frieden. Zu ihm möchte er durch Kriegführung gelangen, denn hat er gesiegt und regt sich kein Widerstand mehr, wird Friede sein [...]"[264]

Handelt es sich bei einem solchen Frieden auch nur um einen „niederen" Frieden, der im Grunde nicht mehr als das Ruhen des Streites bedeutet, so ist ein Krieg um seinetwillen doch gerechtfertigt, „wenn [...] die siegen, die das größere Recht auf ihrer Seite hatten, und jeder wird einen solchen Sieg begrüßen und urteilen, nun sei der erwünschte Frieden eingetreten. Auch das sind Güter und ohne Frage Gaben Gottes [...]"[265] In den *Quaestiones in Heptateuchum* findet sich ausdrücklich eine Definition des gerechten Krieges:

> *Gerechte Kriege pflegt man als solche zu definieren, die Unrecht ahnden; sei es, daß ein Volk oder ein Staat, die mit Krieg zu (überziehen) sind, es versäumen, das Unrecht wieder gutzumachen, das von den Ihrigen geschehen ist, oder zurückzugeben, was durch Unrecht weggenommen ist.*[266]

Aus den alttestamentlichen Kriegsschilderungen versuchte Augustinus, Grundsätze einer gerechten Kriegführung zu entwickeln, wobei für ihn auch der Angriffskrieg unter die Kategorie ‚gerechter Krieg' fällt, wenn er fordert, daß die „Guten" selbst Krieg führen müßten, um diesen nicht denen, die von Rachsucht und Eroberungsgier bestimmt sind, zu überlassen. Im Anschluß an das Jesus Wort „Gebt dem Kaiser, was des Kaisers ist [...]"[267] und unter Bezug darauf, daß Jesus vom Hauptmann von Kapernaum nicht die Quittierung seines Dienstes forderte, verlangt Augustinus auch – was nachher zu den wesentlichen Kriterien eines gerechten Krieges gezählt wurde –, daß der Krieg durch eine rechtmäßige Staatsführung erklärt und geführt wird:

Um solche Ausschreitungen gerecht zu bestrafen, müssen oft die Guten selbst im Krieg streiten, sei es auf Geheiß Gottes, sei es auf Befehl einer rechtmäßigen Staatsgewalt, und gegen die Gewalttätigkeit ihrer Gegner kämpfen [...] Aber die natürliche Ordnung, die den Frieden unter den Sterblichen will, verlangt, daß die Entscheidung und die Befugnis zur Kriegserklärung bei den Lenkern des Staates liege.[268]

Gleichzeitig hält Augustinus fest, daß die Unwürdigkeit eines Herrschers noch nicht von seinem Befehl, auch dem zum Kriegsdienst, entbinde. Dies zumindest nicht, solange nicht feststeht, daß die Anordnungen und Befehle dem Gesetze Gottes widersprechen:

Wenn es also einem Gerechten zustößt, unter einem unwürdigen König Kriegsdienst zu leisten, so kann er ohne Verstoß gegen die Gerechtigkeit seinen Befehl ausführen, wenn es feststeht, daß dieser Befehl nicht dem Gesetz Gottes zuwiderläuft, oder wenn es wenigstens nicht feststeht, daß er ihm zuwiderläuft; es kann also geschehen, daß der König sich durch seinen ungerechten Befehl schuldig macht, während der den Befehl ausführende Soldat schuldlos bleibt.[269]

Das Tötungsverbot des Dekalogs und der Bergpredigt machen es nicht schwer, mit ihnen eine konsequente Ablehnung des Krieges zu fordern, auch wenn der 1. Petrusbrief und Paulus in seinen Briefen die Schwertgewalt des Staates ausdrücklich fordern. Die Verweise auf Ambrosius und Augustinus haben gezeigt, wie diese beiden Männer – später auch Papst Gregor der Große – sich bemüht haben, mit Bezug auf das römische Staatsdenken dem Dilemma einer solchen Unvereinbarkeit einer christlichen Lebensführung mit einer Teilnahme an Kriegen zu entgehen. Hätte doch ohne den militärischen Schutz und die Verpflichtung des Kaisers zum Schutz der Kirche diese gegen ihre Feinde kaum Überlebenschancen gehabt. Es war die Aufgabe des Herrschers, sein Reich und dessen christliche Bevölkerung gegen die Angriffe nicht-christlicher Nationen, so der Sarazenen, der Normannen und der Ungarn, zu verteidigen, wenngleich die Kirche für sich selbst an dem Tötungsverbot festhielt. Dem Staat, der Institution und der Autorität ist hier eindeutig gegenüber der Gewissensentscheidung des einzelnen der Vorzug gegeben. Der Stellenwert des einzelnen als Individuum ist gering angesetzt, wie Augustins Frage zeigt, was denn am Krieg – so er einen gerechten Grund habe – zu tadeln sei, doch wohl nicht, daß darin Menschen getötet werden, die doch alle eines Tages sterben müssen[270]. Nicht in der sittlichen Urteilsfindung, jedoch als Gegenstand der Sühne kommt das Individuum in den Blick.

Das Recht, sich gegen einen Angriff zu verteidigen, war unbestritten, ebenso, daß geraubtes Gut zurückerobert werden durfte. Das Heilige Land beispielsweise galt als Erbbesitz Christi, das die Christen ihrerseits nur zurückeroberten. Ein weiterer Grund für den gerechten Krieg, wie wir ihn bei Augustinus finden, war die Bestrafung von Unrecht. Ob diese Gründe vorlagen, mußte der König selbst entscheiden. Ihm war aber als christlichem Fürsten auch klar, daß er über seine Entscheidung einst vor Gott Rechenschaft ablegen mußte. Bei der Beurteilung, ob ein Krieg gerechtfertigt war, mußte auch geprüft werden, ob die zuzufügenden Übel größer seien als das Unrecht, das man von dem Gegner erfahren hatte. Einer der ersten, der dies ausdrücklich betonte, war Thomas von Aquin, und bei Francisco de Vittoria findet sich dieser Grundsatz dann in ausgearbeiteter Form:

> *Weil Kriege nämlich um des Gemeinwohls willen geführt werden müssen, ist es unbezweifelt, daß der Fürst dann verpflichtet ist, lieber auf sein Recht zu verzichten und sich des Krieges zu enthalten, wenn es zur Wiedergewinnung einer Stadt notwendig ist, daß größere Übel im Staat folgen, wie die Verwüstung vieler Städte, die Tötung vieler Menschen, die Verbitterung der Fürsten, Gelegenheiten zu neuen Kriegen zum Verderben für die Kirche und ebenso, daß den Heiden die Gelegenheit gegeben wird, in Länder der Christenheit einzudringen und sie zu erobern.[271]*

2. Pflicht zur Sühne

Der einzelne Soldat und Krieger war so zur Sühne verpflichtet. Wer einen Gegner getötet hatte, mußte Kirchenbuße leisten. In den meisten Fällen war dies eine Buße von vierzig Tagen, die die siebentägige Reinigungszeit, die das Alte Testament in derartigen Fällen vorgeschrieben hatte, bei weitem übertraf. Ohne zwischen dem Töten im von Staats wegen befohlenen Kampf und dem im Alltag terminologisch zu unterscheiden, beides wurde *homicidium* genannt, war doch das Bußopfer für letzteres zumeist höher. Grundsätzlich galt der Kirche jede Tötung als bußwürdig, unabhängig davon, von welchen Motiven sie geleitet war. Allerdings machte es einen Unterschied, ob Kriege gegen Heiden geführt wurden oder ob es sich um innerchristliche handelte. So mußten z.B. nach dem Sieg der Normannen in der Schlacht bei Hastings die beteiligten Soldaten, entsprechend einem vier Jahre später gefaßten Synodalbeschluß, für die Tötung in der Schlacht Kirchenbuße leisten. Pro Todesopfer ein Jahr, nur in jenen Fällen, in denen der Tod des Gegners ungewiß war, reichten die traditionellen vierzig Tage aus. Auffällig und interessant gerade an diesen Bußregelungen ist es, daß die Normannen behaupteten, mit päpstlichem Zuspruch in die Schlacht gegangen zu sein.

Später nahm man Abstand von der Beurteilung des Faktums des Tötens als eines solchen. Der Einfluß der Sündenlehre Augustinus' hatte sich auch in diesem Punkte durchgesetzt. Das Wesen der Sünde besteht nach ihm in der gottwidrigen Grundrichtung des Willens; die Abwendung von Gott erzeugt die Sünde und vermag durch die Hoffart (*superbia*) jedwede Handlung zu einer sündigen zu machen. Der Verstoß gegen das Gebot Gottes wurde folglich weniger in der bestimmten Handlung als vielmehr gerade bei Tötungsdelikten in der diesen zugrundeliegenden Gesinnung gesehen. Die Person des Täters und sein Motiv traten in den Mittelpunkt der Beurteilung. Nach der individuellen Schuld des Soldaten wurde gefragt, bevor die Buße ausgesprochen wurde. Schuldlos galt derjenige, der nicht von niederen Motiven wie Beutelust, Haß und Rachegefühlen geleitet war. In der Kirche des Frühmittelalters erwies es sich zumeist als schwierig, die Bußstrafen gemäß der Handlungsabsicht auszusprechen, so daß jeder, der im Krieg getötet hatte, zur Buße verpflichtet war.[272] Papst Urban II. (1035–1099), der auf der Synode von Clermont den Hilferuf aus Byzanz mit dem Aufruf zum ersten Kreuzzug beantwortete, dekretierte ausdrücklich, daß diejenigen, die in Verteidigung kirchlicher Belange einen Gegner der Kirche, einen Exkommunizierten töteten, ebenfalls Buße zu leisten hätten, „denn eine solche Tat kann kaum oder niemals ohne Schuld vollbracht werden". Weiter erklärte er, jeder „vom Eifer für die katholische Mutter" getriebene Krieger ist potentiell schuldig.[273]

Die Annahme, daß jemand, der tötet, kaum schuldlos bleibt, weil die Absicht hier niemals so rein sein könne, daß sie nicht von niederen Motiven bestimmt wäre, öffnete jedoch auch noch einen anderen Beurteilungsraum. Töten, das von niederen Motiven begleitet war, verlangte nach der Möglichkeit einer Entschuldigung. Auszuschließen war aber auch nicht, daß, gerade weil die Absicht und Gesinnung nicht ganz außer Acht bleiben sollte, Töten als Verdienst angerechnet werden konnte: Es waren vor allem die Kreuzzüge, die daher auch die Möglichkeit boten, in ihnen das ewige Heil zu erwerben, wurde der Kampf in rechter Gesinnung, d.h. *sola devotione* geführt, wie dies der Kreuzzugsablaß von Clermont versprach. In einem Brief nach der Eroberung Jerusalems durch die Kreuzfahrer schrieb Papst Paschalis II., Gott habe deren Hände mit dem Blut seiner Feinde „konsekriert"[274]:

> *Es ist auch sorgsam auf den Worten zu bestehen, daß [Gott] das, was er begonnen hat, vollbracht und eure Hände, die er mit dem Blut seiner Feinde geweiht hat, durch größte Frömmigkeit bis zum Ende unbefleckt bewahrt hat.*[275]

Voraussetzung für eine Entsühnung war selbstverständlich, daß der Soldat unter einem rechtmäßigen Kriegsherrn diente, der in den meisten Fällen der König, im Falle der Kreuzzüge aber auch der Papst und die Kirche sein konnten. Für den Kriegsherrn galt die Verpflichtung, sich von der entsprechenden Gesinnung leiten zu lassen. Er mußte einen Grund für den Krieg vorweisen, der als gerecht anerkannt wurde.

Mit dem Ablaß wurde die *devotio*, die Gottergebenheit belohnt. Den Ablaß erhielt nur der Krieger, nicht aber Könige, Barone und Ritter des Heiligen Landes oder auch die Mitglieder der Ritterorden. Für sie galt der Kampf um Jerusalem als Pflicht.

Um die Mitte des 12. Jahrhunderts entstand das sogenannte *Decretum Gratiani*, eine Sammlung kirchlicher Rechtssätze. Hierin sind auch die bedeutendsten Aussagen der Kirche zum Kriegsdienst enthalten. Diese Kompilation des Kamaldulensermönchs Gratian wurde die entscheidende Grundlage der Kommentare für Stellungnahmen zu der Frage, „ob Kriegführen Sünde" und was „ein gerechter Krieg" sei. Außerdem versuchte man aus dieser Sammlung herauszulesen, ob die Kirche selbst Krieg führen dürfe. Ein eigenständiges

Kriegsrecht war beispielsweise zur Verteidigung gegen die Angriffe der Anhänger Heinrichs IV. im Investiturstreit vonnöten. Bis zum Beginn dieser Auseinandersetzung zwischen Kaiser und Papst war es im Deutschen Reich durchaus selbstverständlich, daß die Kirche politische und militärische Aufgaben übernahm und der König bei seinen Feldzügen auf ihre Hilfe rechnen konnte. Im Gegensatz zu diesem Usus des karolingischen und später des ottonisch-salischen Regierungssystems forderte die Kirchenreform des 11. Jahrhunderts die *libertas ecclesiae*.[276]

Die Erfolge des ersten Kreuzzuges überwanden in Deutschland die Skepsis gegen dieses Unternehmen und ließen die bisherige Bewertung des Krieges als eines in religiöser und sittlicher Sicht doch zweifelhaften Unterfangens nicht länger aufrechterhalten. Der Kreuzzug war ja gedacht als die Befreiung eines urchristlichen Gebietes.

Obgleich Pasqualis II. die Kreuzfahrer zu ihrem Erfolg beglückwünschte, hielt doch auch er wie sein Vorgänger Urban II., der Initiator dieses Kreuzzuges, an der Auffassung fest, daß „in der inneren Einstellung des Kreuzfahrers das Kriterium für den Verdienstcharakter des Heiligen Krieges" liege. Bischof Ivo von Chartres, der als ein Gegner der Kreuzzugsbewegung gilt, hielt in seiner Kanonsammlung, die kurz vor dem Kreuzzugsaufruf Urbans II. entstand, fest, daß das Töten des Feindes auch in einem gerechten Krieg Buße erfordere, ließ aber diese Aussage in der Panormia, einer verkürzten Ausgabe seiner Sammlung, weg und betonte, „der Krieger sei nicht an und für sich ein Mörder"[277]. Er betonte allerdings unter Verweis auf Augustins Lehre, daß der Krieg den Frieden zum Ziel haben müsse, und nicht aus Freude am Kämpfen und an Grausamkeiten geführt werden dürfe.[278] Im Für und Wider um das eigenständige Kriegsrecht der Kirche fehlt es nicht an Ermahnungen, die dem Papst generell das Recht auf den *gladius materialis* absprechen, wenngleich ein offener Bezug auf Kreuzzüge aus diesen Worten nicht ersichtlich ist, sondern sie sich auf das Problem der Tötung von Häretikern im allgemeinen beziehen. Die Waffe der Kirche, wird herausgestellt, sei das Gebet: „Woher kommt denn dem Papst diese Autorität, daß er über das geistliche Schwert hinaus jenes andere Schwert der Tötung über seine Untertanen führe?"[279]

Die Auffassung, daß eine Tötung im Kriege Buße erfordere, wurde erst fallengelassen, als der dem römischen Recht entnommene

Grundsatz, daß es gesetz- und rechtmäßig sei, Gewalt durch Gewalt zurückzuweisen, auch für die Kirche allgemein anerkannt war: „Gewalt durch Gewalt zurückzuweisen, dies erlauben alle Gesetze und alles Recht."[280]

Rechtsregeln, die entscheiden lassen, ob eine *causa iusta* vorliegt, treten an die Stelle der *intentio* des Krieges und begründen eine Entschuldung, so daß eine Kirchenbuße nur mehr für den Fall der *levitas* (Leichtfertigkeit) vorgesehen ist. Freigesprochen zu sein und keine Buße auferlegt zu bekommen, hat vermutlich damals so wenig wie heute denen, die im Kampf töteten die Last der tragischen Verstrickung in Leid, Tod und Böses abgenommen. Ernst Jünger, der sich zu berauschen wüßte an Kampf und Gemetzel, und im ersten großen Weltkrieg des vergangenen Jahrhunderts die „Schicksalsstunde", die Zukunft der Welt sich entscheiden sah, beklagt und bekennt nach der „Großen Schlacht": „Der Staat der uns die Verantwortung abnimmt, kann uns nicht von der Trauer befreien; wir müssen sie austragen. Sie reicht bis tief in die Träume hinab."[281]

Sofern der Kirche das Recht zukommt, sich selbst mit Waffengewalt zu verteidigen, gibt sie auch der weltlichen Gewalt die Regeln vor, die eine *causa justa* bestimmen und unter welchen Umständen ein Krieg ein *bellum justum* ist. Papst Innozenz II. hatte auf dem zweiten Laterankonzil (1139) den Einsatz von „Bogen- und Armbrustschützen *adversus cristianos et catholicos* unter die Strafe des Anathems gestellt". Durch das erstmalige Verbieten einer Art der Kriegführung als *ars mortifera* hatte sich der Papst eine Richterfunktion in Kriegsangelegenheiten zugesprochen. Mit der Begründung, daß die Kunst der Bogen- und Armbrustschützen „eine Gott verhaßte Kunst"[282] ist, versuchte er, verbindliche Regeln für die Kriegführung zu erstellen.

Augustinus hat recht gesehen, daß alle Menschen sterben müssen, doch die Besonderheit des unnatürlichen gewaltsamen Todes verkannt. Nur weil der Tod eine Möglichkeit des Lebens ist, stellt sich die Frage nach dem Sinn von Herrschaft, der Rechtfertigung des Krieges und der Pflicht zur Sühne. Dem Tod durch Menschenhand kann der Mensch, kämpfend oder sich unterwerfend, zu entrinnen suchen. Erst die Unterwerfung, das Hängen am Leben, macht Herrschaft möglich. Wer kämpft, setzt auf den Unterschied zwischen Sieger und Besiegten, er kämpft, dem vorzeitigen Tode zu entgehen und will nicht die Gleichheit, sondern die Unterschiedenheit. Diese, ist er nicht der Sieger, akzeptiert er um des Lebens willen, indem er sich unterwirft. Doch was ist Herrschaft? Ist sie die Alternative zum Krieg um des Krieges willen oder gar Friede? Die Antwort auf Herrschaft ist keinesfalls Revolution als Umsturz des Bestehenden, um stattdessen etwas anderes Beständiges zu setzen. Dies hieße, vor der Produktivkraft, durch die heute unser Leben insgesamt ergriffen ist, den Kopf in den Sand zu stecken. Der sich herstellende Mensch, der sich selbst in die Bewegung des Herstellens hineingenommen erfährt, sieht sich nicht mehr als das Abbild eines ewigen Gottes, in dessen Ständigkeit hineingenommen, vielmehr begreift er sich von einem ewigen Wandel erfaßt, in dem es erst gilt, sich in seinem Sinn zu gewinnen.

3. Der Verlust der Mitte

Frühere Jahrhunderte haben um theologischer Distinktionen willen Krieg geführt. Wir streiten nicht mehr über die Eigenschaften Gottes, die Formen des Abendmahls, um auf diese Weise unser Verständnis von Gott und unser eigenes Selbstbewußtsein zu bezeugen. Religion ist Privatsache geworden, und jeder mag nach seiner eigenen Facon selig werden. Wenngleich das christliche Abendland in solchen Fragen tolerant geworden ist, bietet unsere Humanität noch keinen Anlaß, auf sie stolz zu sein. Schon Rousseau hatte Bedenken, ob dem Menschen die Gestaltung der sozialen Lebensformen überantwortet werden könne, denn ohne Rekurs auf Gott und die Religion als politisches Mittel, sei es auch nur eine réligion civile, fürchtet er, würde die Sittlichkeit ebensowenig wie die Demokratie auf Dauer bestehen können. Das Christentum allerdings, wenngleich er es als „wahre Religion" betrachtete, schien ihm nicht geeignet, die für eine Demokratie notwendige *Homogenität* der Bürger zu garantieren, denn – so das Argument – es versperre sich dem Bedürfnis, als Bürger Patriot zu sein. Das Christentum ist keine Bürgerreligion, sondern die „réligion de l'homme", die den Menschen nicht an einen bestimmten Staat bindet, sondern zum Bürger des Universums macht. Der Christ ist an ein göttliches, universales Gesetz gebunden, und dieses gestattet dem einzelnen keine Übereinstimmung mit sich selbst. „Alle sozialen Institutionen", schreibt Rousseau, „die den Menschen in Widerspruch mit sich selbst setzen, taugen nichts"[283], denn dies ist mit den Erfordernissen der Demokratie nicht zu vereinbaren. Die Überzeugung, daß der Mensch Ebenbild Gottes ist, und eingeordnet sei in eine, wenn auch gestörte Weltordnung, war ins Wanken gekommen.

Hier liegt der entscheidende Unterschied zwischen Rousseau und Hobbes. Zwar kann für letzteren der Träger der souveränen Gewalt durchaus auch ein einzelner sein – die Staatsform ist ihm nicht wesentlich –, aber er setzt voraus, daß, wer immer Souverän ist, sei es ein einzelner, oder eine Gruppe von mehreren, die die Herrschaft ausübt, sie religiös orientiert, d.h. für Hobbes als Christen handeln. Er vertraute darauf, daß dem Herrschenden „aus dem privatisierten Christentum so viel an Substanz zuwachsen werde, um eine Art präpolitischen Konsens zu ermöglichen"[284] und daß zudem, wer immer Inhaber der Staatsgewalt ist, er der Macht und dem Richterspruch Gottes unterliege. Kant kämpfte leidenschaftlich gegen jede heteronome Begründung der Moral, und doch sieht er nicht den Menschen als den Herrn der Moral, vielmehr motiviert sich der moralisch Handelnde aus der Einsicht in die notwendige Vernunftgestalt des Zusammenlebens freier Subjekte. Wenn Hegel die sittliche Welt als die Selbstgestaltung des freien Willens interpretiert, der sich unter anderem zu Institutionen gestaltet, verändert auch er nicht die Inhalte der überlieferten Sittlichkeit. Der Boden des Rechts ist ihm das Geistige, und der Wille ist ihm frei, so daß „das Rechtssystem das Reich der verwirklichten Freiheit, die Welt des Geistes aus ihm selbst hervorgebracht, als eine zweite Natur, ist."[285] Bei ihm wie bei Kant orientiert sich der menschliche Wille nicht an sich, sondern an dem Vorblick auf die Vernunftgestalt des Lebens wie der Hobbes'sche Souverän an dem Willen seines Gottes. Dort, wo die Spontaneität des Willens nicht gebunden ist an eine unveränderbare sittliche Wahrheit, und es dem Menschen obliegt, diese nicht nur zu erkennen, vielmehr zu setzen, ist jeder, jede Generation nicht bloß gerufen, der Moral ihr Gepräge zu geben, sondern sie *hervorzubringen*. Auch in diesem Falle lebt der Mensch in einem bereits institutionell verfaßten sittlichen Selbstverständnis, ohne sich je allmächtig aus dem Nichts geschaffen zu haben, und steht doch immer im Bezug zum Nichts als dem Tod und zur eigenen Endlichkeit.

Die Gefahr, im politischen Hervorbringen des Menschen durch den Menschen in Wahn abzugleiten, hat es schon gegeben. Kriege, die in diesem Wahn geführt werden, erzwingen mehr als Herrschaft. Mit brutaler Gewalt, indem sie rücksichtslosen Gebrauch von ihrer Kraft und ihren Waffen machen, ist ihr Ziel Zerstörung. Für die Herrschaft des Siegers ist die Unterwerfung des Besiegten Bedingung. Der Sieger sucht den Unterschied, er besteht auf der Wirklichkeit von Individuation, der Einteilung der Menschen in Herren und Knechte. Der politische Wahn sucht nicht Macht, er will *Übermächtigkeit*, und er zerstört in seiner Maßlosigkeit Geschaffenes, das nicht er selbst ist. Wo die Schaffenskraft des Menschen sich im technischen Herstellen unendlich zu entfesseln vermag und ihre Produktivität durch keine Beschränkung begrenzt weiß, ist sie nicht mehr Herrschaft. Vernichtung tritt an die Stelle der Gestaltung des menschlichen Miteinanderseins, denn entfesselte Macht will alles nach *ihrem* Bilde produzieren, will nur sich selbst. Die Politik solcher Bestrebungen muß sich in ihrer Ohnmacht als Selbstzerstörung erweisen, weil sie ihren Lebensgrund, die Unterschiedenheit zwischen Mensch und Mensch verfestigt und deren andere Seite, die Gemeinschaftlichkeit, vernichtet. Politik ist Umgang mit Macht, und da menschliche Macht nie aus dem Nichts schafft, ist sie auch als Übermacht angewiesen auf das von ihr Nicht-Geschaffene und Verschiedene. Wo sie sich der Unterschiedenheit verweigert, sei es in der utopischen Idee einer in Solidarität und Liebe geformten Gesellschaft oder der Gewalt einer alles gleichmachenden totalen Politik, stellt sie den Boden, auf dem sie sich hervorbringt, in Frage. Jede Sozialität verlangt nach verbindlichen Regeln des Zusammenlebens. Sie bilden Formen der Gemeinschaft, der Sitte, nicht zuletzt Institutionen aus, und diese sind fixierte Machtverhältnisse.

Totale Politik andererseits ist ohne Ziel, sie dient mit all den Möglichkeiten moderner Technik nur sich selbst. Ihr Herstellen wäre ein Herstellen um des Herstellens willen oder eben permanente Revolution ihrer selbst. Ihr Problem ist es zu meinen, kein Maß des Handelns zu besitzen. Protagoras' Satz vom „Menschen als dem Maß aller Dinge" deutet sie als Zuspruch uneingeschränkter Freiheit bis hin zum Recht zur Destruktion. Dieser Tendenz zum Chaotischen entspricht die Angst vor einer katastrophalen Zukunft. Wie der maniakalische Mensch „voll Zukunft" ist[286], seine Möglichkeiten als Wirklichkeiten vorwegnimmt, Programme entwirft, Zukunft plant und meint, er solle die ganze Welt schaffen, und doch scheitert, so kann der moderne Mensch mit all seinen Wissenschaften und technischen Künsten seine kreatürliche Unvollkommenheit nicht ertragen und steht permanent in der Gefahr, in eine Unmenschlichkeit nie gekannten Ausmaßes einzumünden. Hans Sedlmayr nannte dies den „Verlust der Mitte".[287]

Dort, wo der Gottesglaube nicht mehr die Basis menschlichen Herstellens ist, und auch nicht mehr an die Beständigkeit von Sinn als Grund der Welt geglaubt wird, ist die politische Herstellung des Menschen durch den Menschen in ihrer schier nicht endenden Produktivität in besonderer Weise auf den Mitmenschen angewiesen. Gemeinschaft aber, weil sie sich nur auf dem Boden des generativen Prozesses des Daseins ausbildet, ist mit dem Tod wie mit der Liebe verflochten. Da das Leben Kampf ist, wird der Krieg, mögen sich auch seine Formen ändern, ebensowenig aufhören wie die Liebe.

Die Kriege der Zukunft lassen sich nicht ausdenken, auch in ihrer Schrecklichkeit nicht. Doch nur wer den Krieg in seiner Schrecklichkeit begriffen hat, wird ihn zu verhindern suchen. Das Wort des Vegetius „Si vis pacem, para bellum" hat seinen Sinn noch nicht verloren, mag es auch heute anders gedeutet werden. Die Technik hat uns die Möglichkeit einer alle Grenzen überschreitenden Ausübung der Macht gegeben. So leicht auch die Logik dieser Schlußfolgerung eine Umkehr der Entwicklung fordern mag, so falsch wäre es, sie zu vollziehen. Die gestellte Aufgabe ist keine technische, noch eine militärische, sondern eine politische, die eine Verständigung über die neue Weltlage voraussetzt. Die Einsicht, daß es die Politik ist, die den Krieg gebiert, daß er die andere Seite ihrer selbst zeigt, mag ein erster Schritt zur Lösung dieser Aufgabe sein. Nicht allein zur Verhinderung und zur Begrenzung von Krieg wird sich die Politik aller ihr zur Verfügung stehenden, auch der militärischen Mittel bedienen müssen. Der Krieg selbst ist kein Mittel, über das die Politik nach Belieben verfügen kann, denn er ist ihre eigene Ohnmacht. Das Militär und seine Waffen mögen als Mittel gebraucht werden, zum Segen oder zum Fluch. Dies wiederum hängt von der Politik, der Fähigkeit der Staaten zur Politik ab. Der von Heraklit genannte Grundbezug, die Gemeinsamkeit in der Entzweiung, die den Krieg als Krieg und nicht als kosmischen Selbstmord erst möglich sein läßt, ist auch die Bedingung der Möglichkeit des Friedens, denn, um mit Schiller zu sprechen, „hört der Krieg im Kriege nicht schon auf, woher soll Friede kommen?"[288]

Anmerkungen

1 Frei nach Bertolt Brecht, „Mutter Courage und ihre Kinder", Gesammelte Werke 4, Frankfurt 1967, Szene 6, S. 1403.

2 In seinem Aufsatz „Zum Begriff des bewaffneten Konfliktes", Österreichische militärische Zeitschrift 1/1992, S. 45-51, unterscheidet Gustav E. Gustenau „empirisch rechtstheoretische" und „politisch funktionale" Methoden der Entwicklung eines Kriegsbegriffes. Diese nachfolgenden Überlegungen versuchen, die ontologische Grundlage des Kriegsbegriffs zu durchleuchten und zu explizieren.

3 Vgl. hierzu: Anm. 31.

4 Vgl. hierzu auch die Untersuchungen in dem Band Friedensforschung und Gesellschaftskritik, hg. v. Dieter Senghaas, München 1970; ebenso: Heinrich Gomperz, Philosophie des Krieges in Umrissen, Gotha 1915.

5 Sigmund Freud, „Warum Krieg?", Studienausgabe, Frankfurt/M. 1974, Bd. IX, S. 284.

6 Ebd., S. 285.

7 Ebd., S. 285.

8 Vgl.: Sigmund Freud, „Zeitgemäßes über Krieg und Tod", Bd. IX, S. 38.

9 Vgl. zu diesen Zahlenangaben: AKUF (Arbeitsgemeinschaft Kriegsursachenforschung) 1993: Daten des Kriegsregisters zu den Kriegen der Welt 1945 bis 1992 (Stand: 31. 12. 1992). Hamburg: Forschungsstelle Kriege, Rüstung und Entwicklung des Instituts Politische Wissenschaft der Universität Hamburg. Angeführt sind diese Zahlen auch in Hauchler, Ingomar (Hg.), Globale Trends 93/94, Daten zur Weltentwicklung. Stiftung Entwicklung und Frieden, Frankfurt 1993.

10 Siehe: Robert Spaemann, Zur Kritik der politischen Utopie, Stuttgart 1977, S. 80.

11 Der zitierte Slogan ist in Anlehnung an die Überschrift eines Gedichtes von Bert Brecht gebildet:
„Stellt Euch vor, es kommt Krieg, und keiner geht hin.
Dann kommt der Krieg zu Euch."
Doch diese beiden Zeilen stammen nicht von Bert Brecht! Sie wurden seinem Gedicht als Überschrift hinzugefügt. Die Gesammelten Werke enthalten sie daher nicht. Dr. Johann Berger verdanke ich diesen Hinweis.

12 Bertolt Brecht, Gesammelte Werke 9, Frankfurt [10]1976, S. 503.

13 James Burnham, Strategie des Kalten Krieges, Stuttgart 1950, S. 100.

14 Immanuel Kant, „Idee zu einer allgemeinen Geschichte in weltbürger-

licher Absicht", Schriften 8, S. 20. Kant wird zitiert nach der Akademie Textausgabe, Unveränderter Nachdruck, Berlin 1923–1977.

15 Heraklit, Fragmente, B 53. Heraklit wird, wie alle Vorsokratiker entsprechend der Zählung von Hermann Diels, Fragmente der Vorsokratiker, Bd. 1, hg. von Walther Kranz, Zürich [12]1989, S. 162, zitiert.

16 So bei Heraklit im Rahmen der Bestimmung von Sein und Werden.

17 Artikel 51, Satzung der Vereinten Nationen, 1945.

18 Siehe hierzu Augustinus, Aurelius, De civitate dei, XIX, 7; XV, 5.

19 Isidor von Sevilla ist hier zitiert nach dem decretum gratianum, das bei Ernst Reibstein, Völkerrecht – Eine Geschichte seiner Ideen in Leben und Praxis, 1, Freiburg 1958, S. 136, genannt wird.

20 Georg Picht, „Bundeswehr und Politik", in: Georg Picht, Die Verantwortung des Geistes, Olten und Freiburg 1965, S. 357.

21 G. David Singer und Melvin Small (Resort to Arms, Beverly Hills 1982) sprechen in ihrem „correlates of war"-Projekt beispielsweise nur dann von einem Krieg, wenn die Mindestzahl von 1000 Toten durch Kampfeinwirkung gegeben ist. Ein Kriterium, das vom Stockholmer Friedensforschungsinstitut, SIPRI, in den seit 1987 regelmäßig veröffentlichten Listen von „Major Arm Conflicts" übernommen ist, ebenso das Heidelberger Forschungsprojekt KOSIMO (Konfliktsimulationsmodell) (Vgl. hierzu Frank R. Pfetsch, „Internationale und nationale Konflikte nach dem Zweiten Weltkrieg", in Politische Vierteljahrszeitschrift 32/1991/2, S. 258-285, und Peter Billing, Eskalation und Deeskalation internationaler Konflikte – Frankfurt/M. 1992). Die im Vorwort angegebenen Zahlen sind dem schon genannten, von Ingomar Hauchler herausgegebenen Buch Globale Trends 1993/94 entnommen. Vgl.: Klaus-Jürgen Gantzel/Torsten Winghammer/Jens Siegelbert, Kriege der Welt. Ein systematisches Register der kriegerischen Konflikte 1985–1992, Bonn [2]1992.

22 Kant, Schriften 8, S. 299.

23 Kurt Röttgers, „Gewalt", in: Historisches Wörterbuch der Philosophie 3, hrsg. v. Joachim Ritter, Darmstadt 1974, Sp. 562.

24 Jacob und Wilhelm Grimm, Deutsches Wörterbuch, München 1984.

25 Ebd., Bd. 11, Sp. 1938.

26 Hugo Grotius, De iure belli ac pacis, 1625, deutsch: Vom Recht des Krieges und des Friedens, Tübingen 1950, S. 59.

27 Gottfried Wilhelm Leibniz, Die philosophischen Schriften 4, hg. von Gerhardt, C. J., Hildesheim 1965, S. 393.

28 Aristoteles, Metaphysik, IX 1; 1046 a 19f.

29 Heraklit, Fragmente, B. 53.

30 Platon, Sophistes, 251 e.

31 Siehe hierzu: Platon, Theaithetos, 197 c und Politikos, 271 c.

32 Aristoteles, Nikomachische Ethik, III, 1112 b 27.

33 Ebd., III, 1111 b 30.

34 Ebd., III, 1110 a 17.

35 Ebd., III, 1. 1110 a 1-4.

36 Wir müssen hierbei nicht so weit gehen wie Aristoteles, der Gewaltanwendung von der mechanischen Aufwärtsbewegung schwerer Körper in Wurfmaschinen bis hin zum Erwerb von Tauschmitteln als Selbstzweck sieht.

37 Michael Bakunin, „Reaktion in Deutschland", in: Deutsche Jahrbücher 17/21. Okt. 1842, S. 1002.

38 Heimo Hofmeister, Philosophisch denken, Göttingen ²1997, S. 298.

39 Kant, Die Religion innerhalb der Grenzen der bloßen Vernunft; Schriften 6, S. 30.

40 Kant, „Über den Gemeinspruch: Das mag in der Theorie richtig sein, taugt aber nicht für die Praxis.", Schriften 8, S. 299.

41 Walter Benjamin, „Zur Kritik der Gewalt" in Gesammelte Schriften II.1, Frankfurt ²1989, S. 179.

42 Friedrich v. Schiller, Wilhelm Tell II, 2; V. 1320f.

43 Friedrich Wilhelm Josef Schelling, „Stuttgarter Privatvorlesungen 1810", Schellings Werke, hg. v. Manfred Schröter, München 1927, IV, S. 360.

44 Sigmund Freud, „Warum Krieg?", Bd. IX, S. 276.

45 Ebd., S. 276.

46 Hölderlin

47 Homer, Ilias IV, V. 440.

48 Ebd., V. 442-443.

49 Ernst Jünger, In Stahlgewittern, Berlin ¹⁶1926, S. 265f.; Sämtliche Werke 1, Stuttgart 1978, S. 250.

50 Kant, Anthropologie in pragmatischer Hinsicht, § 74; Schriften 7, S. 252.

51 Kant, Kritik der reinen Vernunft B 131; Schriften 3, S. 108.

52 Gerhard Krüger, Einsicht und Leidenschaft, Frankfurt ⁵1983, S. 12.

53 Kant, Anthropologie in pragmatischer Hinsicht; § 74; Schriften 7, S. 253.

54 Platon, Phaidros, 244 a-b.

55 Ebd., 265 a.

56 Hegel, Phänomenologie des Geistes; Werke 3, S. 148f.

57 Schelling, Über das Wesen der menschlichen Freiheit und die damit zusammenhängenden Gegenstände, Werke, IV, 273.

58 Heraklit, Fragmente, B 51; Platon, Gastmahl, 187a. Siehe hierzu auch Georg Picht, Platons Dialoge „Nomoi" und „Symposion", Stuttgart 1999, S. 522.

59 Friedrich Schiller, „Der Spaziergang", V. 73f.

60 Aristoteles, Politik, 1280 b 30-35.

61 Übersetzt man den von Aristoteles gleich im Einleitungssatz seiner Politik gebrauchten Begriff *koinonia* mit „Gesellschaft", so muß man doch zugeben, daß er mit dem Begriff *polis* synonym verwendet ist und er somit keineswegs die Ebene umschreibt, die heute die Gesellschaft als vom Staat unterschiedene bezeichnet. Vgl. Manfred Riedel, „Gesellschaft, bürgerliche", in: Historisches Wörterbuch der Philosophie, Bd. 3, hg. v. Joachim Ritter, Darmstadt 1974, Sp. 466f.

62 Otto Brunner, „Das ‚ganze Haus' und die alteuropäische ‚Ökonomik'",
in: Neue Wege zur Sozialgeschichte, Göttingen 1956.

63 Josef Derbolav, „Das Moderne und das Zeitgebundene im politischen
Denken des Aristoteles", in: Erkenntnis und Verantwortung, hg. v. Josef
Derbolav und Friedhelm Nicolin, Düsseldorf 1960, S. 246.

64 Marcus Tullius Cicero, De re publica III 33, und De finibus bononum
et modurum, III 63.

65 Heraklit, Fragmente B 53.   66 Ebd., B 67.

67 Ebd., B 84 a.   68 Ebd., B 80.

69 Siehe Fußnote 13.

70 Oswald Spengler, Der Untergang des Abendlandes II, München 1922,
S. 550.

71 Heraklit, Fragmente B 1.

72 Hegel, Enzyklopädie, § 431 Zusatz; Werke 10, S. 220.

73 Ebd., S. 220.

74 Ebd., § 432 Zusatz, S. 230.

75 Hegel, Vorlesungen über die Philosophie der Religion; Werke 16, S. 394.

76 Hegel, Enzyklopädie, § 432 Zusatz, Werke 10, S. 221.

77 Schelling, Philosophische Untersuchungen über das Wesen der menschlichen Freiheit und die damit zusammenhängenden Gegenstände, Werke, hg.
von Manfred Schröter, München 1923, [2]1965 IV 1292.

78 Johann Wolfgang von Goethe, „Die Geheimnisse", V. 191f.

79 Marcus Tullius Cicero, De officiis I, Kap. 11.

80 Friedrich Nietzsche, Die fröhliche Wissenschaft, § 349; Werke V/2,
Berlin, New York 1973, S. 267.

81 Heraklit, Fragmente B 44.

82 Cicero, De officiis I, Kap. 11.

83 Niccolo Machiavelli, Der Fürst, Leipzig 1924, S. 67.

84 Ebd., S. 67f.

85 Christiane Bender, „Macht – eine von Habermas und Kuhmann ver-
gessene Kategorie?", Österreichische Zeitschrift für Soziologie, 23/1998, S. 3.

86 Max Weber, Wirtschaft und Gesellschaft, Tübingen [5]1972, § 16, S. 28.

87 Friedrich Meinecke, Die Idee der Staatsräson, München/Berlin 1924,
S. 12.

88 Max Weber, Gesammelte politische Schriften, hg. v. J. Winckelmann,
Tübingen [2]1958; „Politik als Beruf", S. 494. Vgl. hierzu Carl Schmitt, Der Be-
griff des Politischen, Berlin 1963, S. 29ff., und ders., Der Nomos der Erde im
Völkerrecht des Jus Publicum Europaeum, Köln 1950, S. 153.

89 Helmut Berve, Friedensordnungen in der griechischen Geschichte,
München 1967, S. 4ff.

90 Vgl. hierzu auch Ekkehart Krippendorff, Staat und Krieg – Die historische Logik politischer Unvernunft, Frankfurt/M. 1985.

91 Thomas Hobbes, Leviathan, Hamburg 1996, S. 108.

92 Hobbes, Leviathan, S. 103; Hobbes argumentiert wie folgt: „Aus dieser Gleichheit der Fähigkeiten erwächst Gleichheit der Hoffnung, unsere Ziele zu erreichen. Und wenn daher zwei Menschen das gleiche verlangen, in dessen Genuß sie dennoch nicht beide kommen können, werden sie Feinde [...]“.   93 Ebd., S. 269.

94 Hegel, Enzyklopädie, § 432 Zusatz, Werke 10, S. 221.

95 Georg Simmel, Soziologie – Untersuchung über die Formen der Vergesellschaftung, Berlin ⁵1968, zitiert nach Günther Wachtler, Militär, Krieg, Gesellschaft, Auszug aus Kapitel IV: Der Streit, S. 138.

96 Vgl. hierzu Carl Schmitt, Der Begriff des Politischen, Berlin 1963, S. 29ff., und ders., Der Nomos der Erde im Völkerrecht des Jus Publicum Europaeum, Köln 1950, S. 153.

97 Karl Löwith, Töten, Mord und Selbstmord. Die Freiheit zum Tode, Sämtliche Schriften 1, Stuttgart 1981, S. 400f.

98 Ebd., S. 400.

99 Ernst Jünger, Der Kampf als inneres Erlebnis, Berlin 1925; Sämtliche Werke 7, Stuttgart 1980, S. 51f.

100 Ebd., S. 50.   101 Ebd., S. 50.

102 Carl von Clausewitz, Vom Kriege I, 1, § 2, Bonn ¹⁹1980, S. 192.

103 Ebd., I, 1, § 24, S. 210.   104 Ebd., I, 1, § 2, S. 191f.

105 Carl von Clausewitz, Vom Kriege, VIII, 2, S. 952.

106 Deutsche Rundschau, 27. Jg., 1919, S. 215.

107 Michel Foucault, Dispositive der Macht. Über Sexualität, Wissen und Wahrheit, Berlin 1978, S. 71.

108 Carl von Clausewitz, Vom Kriege, VIII, 6 B, S. 991.

109 Ebd., VIII, 6 B, S. 991.   110 Ebd., S. 991.

111 Ebd., S. 992.   112 Ebd., S. 993.

113 Ebd., S. 993.   114 Ebd., S. 993.

115 Ebd., S. 993.   116 Ebd., S. 993.

117 Ebd., S. 179; Nachricht vom 10. Juli 1827.

118 Clausewitz, Verstreute kleine Schriften, zusammengestellt, bearbeitet und eingeleitet von Werner Hahlweg, Osnabrück 1979, S. 161.

119 Clausewitz, Vom Kriege, S. 179.

120 Clausewitz, Kleine Schriften, S. 498.

121 Ebd., S. 498.

122 Ebd., S. 498.

123 Herfried Münkler, Gewalt und Ordnung – Das Bild des Krieges im politischen Denken, Frankfurt/Main 1992, S. 219.

124 Erich von Ludendorff, Der totale Krieg, S. 10. Dieses Buch ist 1935 in München erschienen, ca. zwei Jahre vor Ludendorffs Tod.

125 Herfried Münkler verweist zu Recht auf die Forderung Generaloberst Ludwig Becks (ebd., S. 102). Siehe hierzu auch: Ludwig Beck, „Die Lehre vom totalen Krieg“; in: Clausewitz in Perspektive, hg. von Günter Diel, Frank-

furt/M. u.a. 1980, S. 520-541, und Klaus Scholder (Hg.), Die Mittwoch-gesellschaft – Protokolle aus dem geistigen Deutschland 1932 bis 1944, Berlin 1982, S. 292ff.

126 Max Weber, „Politik als Beruf", in: Gesammelte Politische Schriften, München 1921, S. 494.

127 E. Carreas, La pensée militaire allemande, Paris 1948, S. 212.

128 Wladimir Iljitsch Lenin, Clausewitz' Werk „Vom Kriege", S. 23.

129 Clausewitz, Vom Kriege, VI, 7, S. 644.

130 Michael Walzer, Just and Unjust Wars – A Moral Argument with Historical Illustrations, New York 1977. Zitiert wird nach der deutschen Über-setzung: Gibt es den gerechten Krieg?, Stuttgart 1982, S. 90.

131 Clausewitz, Vom Kriege, I, 1, § 2, S. 192.

132 Siehe Max Weber, Gesammelte Aufsätze zur Religionsphilosophie, Bd. I, Tübingen 1920, [9]1988, S. 548f.

133 Hegel, „Die Verfassung Deutschlands", Werke 1, S. 473. Siehe hierzu auch Kant, Zum ewigen Frieden, Schriften 8, S. 367; Wolfgang Pesendorfer, „Staat und äußere Sicherheit", in: Herta Nagl-Docekal (Hg.), Überlieferung und Aufgabe, Wien 1982, Bd. II, S. 317-331.

134 Rüdiger Bubner, Drei Studien zur politischen Philosophie, Schriften der philosophisch-historischen Klasse der Heidelberger Akademie der Wis-senschaften, Bd. 11, Heidelberg 1999.

135 Rousseau, Du contrat social I 4. (Dt.: Vom Gesellschaftsvertrag oder Prinzipien des Staatsrechtes, Paderborn 1977).

136 Siehe hierzu Erich Heintel, Grundriß der Dialektik, Bd. II, Darm-stadt 1984, S. 239.

137 Hegel, Grundlinien der Philosophie des Rechts, § 132 Zusatz, Werke 7, S. 339.

138 Hobbes, Leviathan, S. 108.

139 Hegel, Philosophie des Rechts, § 182 Zusatz, Werke 7, S. 340.

140 Ebd., § 183 Zusatz, Werke 7, S. 340.

141 Ebd., § 184 Zusatz, Werke 7, S. 341.

142 Ebd., § 182 Zusatz, Werke 7, S. 340.

143 Ebd., § 257 Zusatz, Werke 7, S. 398.

144 Ebd., § 263 Zusatz, Werke 7, S. 411.

145 Ebd., § 258 Zusatz, Werke 7, S. 399.

146 Bei Goethe liest sich dies so:

Suleika.	Hatem.
Volk und Knecht und Überwinder,	Kann wohl sein! so wird gemeinet;
Sie gestehn zu jeder Zeit:	Doch ich bin auf andrer Spur:
Höchstes Glück der Erdenkinder	Alles Erdenglück vereinet
Sei nur die Persönlichkeit.	Find ich in Suleika nur.
Jedes Leben sei zu führen,	Wie sie sich an mich verschwendet,
Wenn man sich nicht selbst vermißt;	Bin ich mir ein wertes Ich;

Alles könne man verlieren,   Hatte sie sich weggewendet,
Wenn man bliebe, was man ist.   Augenblicks verlör ich mich.
(Goethe, West-östlicher Diwan, „Suleika Nameh". Buch Suleika", Berlin/
Leipzig/Wien/Stuttgart, Bd. 2, S. 64). In der Persönlichkeit ist der Mensch
zwar anerkannt, doch er geht in ihr nicht auf. Vgl. hierzu auch Bruno Lieb-
rucks, Sprache und Bewußtsein, Bd. 3, Frankfurt 1966, S. 517f.

147 Hegel, Philosophie des Rechts, § 35 Zusatz, Werke 7, S. 93.

148 Ebd., § 209, Werke 7, S. 360.

149 Gabriele Holzer, Verfreundete Nachbarn, Österreich – Deutschland,
Wien 1995.

150 Vgl. hierzu Hegel, „Die Verfassung Deutschlands", Werke 1, S. 479.

151 Eugen Fink, Traktat über die Gewalt des Menschen, Frankfurt am
Main 1974, S. 187.

152 Hegel, ebd., § 209, Werke 7, S. 360.

153 Hobbes, Leviathan, S. 269: Feinde sind nach Hobbes alle Menschen,
„die nicht Untertanen sind" und mit denen keine Verträge irgendwelcher Art
bestehen, durch die sie aufgehört hätten, es zu sein. (ebd.).

154 Ebd., S. 294.   155 Ebd., S. 145.

156 Ebd., S. 108.

157 Hegel, Grundlinien der Philosophie des Rechts, § 183, Werke 7, S. 340.
Siehe: „Verfassung, Grundrechte und soziales Wohl in Hegels Philosophie des
Rechts" und „Hegels politische Philosophie" von Ludwig Siep, in dem von
ihm herausgegebenen Band Praktische Philosophie im Deutschen Idealismus,
Frankfurt/M. 1992, S. 285 und S. 307. Vgl. die Ausführungen von Schlomo
Avinieri, Hegels Theorie des modernen Staates, Frankfurt/M. 1976, S. 111ff.

158 Siehe hierzu: Hegel, Philosophie des Rechts, § 324, Werke 7, S. 492.

159 Hegel, „Die Positivität der christlichen Religion – Zusätze" in Frühe
Schriften, Werke 1, S. 214.

160 Vgl. hierzu Hegel, Grundlinien der Philosophie des Rechts, § 324,
Werke 7, S. 492.

161 Ebd., § 324, S. 491ff.

162 Thomas Hobbes, Leviathan, S. 145.

163 Hegel, Jenaer Systementwürfe III, Gesammelte Werke 8, Hamburg
1976, S. 276; zu Gewalt, Macht und Freiheit als rein logischen Bestimmungen
bei Hegel siehe: Michael Wladika, Kant in Hegels „Wissenschaft der Logik",
Frankfurt/M. 1995, S. 446-600.

164 Hegel, ebd., § 324, Werke 7, S. 493.

165 Thomas Hobbes, Leviathan, S.294.

166 Aristoteles, Politik I 2, 1253 a 2; siehe auch: Carl Ulmer, Philsosophie
der modernen Lebenswelt, Tübingen 1972, S. 98f.

167 Homer, Ilias IX, V. 63f.

168 Hegel, Grundlinien der Philosophie des Rechts, § 324, Werke 7, S. 492f.

169 Ebd., § 324, Werke 7, S. 493.

170 Ebd., § 324, Werke 7, S. 491f.

171 Ähnliche Argumente finden sich auch im marxistisch-leninistischen Denken. So schreibt Lenin: „Es ist längst anerkannt, daß Kriege bei allen Schrecken und Nöten, die sie nach sich ziehen, mehr oder minder großen Nutzen dadurch bringen, daß sie viel Morsches, Überlebtes und Abgestorbenes in den menschlichen Institutionen unbarmherzig aufdecken, enthüllen und zerstören". (Lenin, W. I., Der Zusammenbruch der II. Internationale (1915) = Über Krieg I, S. 444; vgl. Panajotis Kondylis, Theorie des Krieges., Stuttgart 1988, S. 260).

172 Hegel, „Die Verfassung Deutschlands", Werke 1, S. 462.

173 Kant, Kritik der Urteilskraft; Schriften 5, § 28, S. 263.

174 Klaus Michael Kodalle, „Die aktuelle Barbarei im Spiegel der Kantischen Erwägungen", S. 141; in ders., Der Vernunftfrieden – KANTS Entwurf im Widerstreit, Würzburg 1996.

175 Kant, Kritik der Urleilskraft; Schriften 5, S. 245.

176 Siehe hierzu: Klaus Vondung, Die Apokalypse in Deutschland, München 1988, S. 190. Die Kriegseuphorik ist weder charakteristisch für eine bestimmte Nation, noch für bestimmte Kriege einer Epoche: Rotraut Hofmeister, Das Österreichbild der napoleonischen Soldaten, Wien 1973, S. 11ff.; Modris Eksteins, Tanz über Gräben – Die Geburt der Moderne und der Erste Weltkrieg, Hamburg 1990.

177 Werner Sombart, Händler und Helden, Patriotische Besinnungen, München und Leipzig 1915, S. 40.

178 Vgl. hierzu Hegel, Schriften zur Politik und Rechtsphilosophie, hg. von Georg Lasson, Leipzig 1913, S. 470.

179 Eugen Fink, Hegel, Phänomenologische Interpretation der „Phänomenologie des Geistes", Frankfurt/M. 1977, S. 186.

180 Clausewitz, Vom Kriege, VIII, 6 B, S. 990.

181 Vgl. hierzu auch Wolfgang Huber, „Keine Rückkehr zum Krieg als Mittel der Politik", Zeitschrift für Evangelische Ethik, 37, 1993, S. 252.

182 Wladimir Iljitsch Lenin, Clausewitz' Werk „Vom Kriege", S. 23.

183 Carl Schmitt, Der Begriff des Politischen, Text von 1932 mit einem Vorwort und drei Corollarien, Berlin 1963.

184 Ebd., S. 33.

185 Raymond Aron, Frieden und Krieg, Eine Theorie der Staatenwelt, Frankfurt 1963; die französische Ausgabe erschien unter dem Titel Paix et guerre entre les nations, Paris 1962.

186 Siehe: Dolf Sternberger, Über die verschiedenen Begriffe des Friedens, Stuttgart 1984, S. 12.

187 Carl Schmitt, Die Wendungen zum diskriminierenden Kriegsbegriff, München 1938, S. 1.

188 Helmut Kuhn, Der Staat, München 1967.

189 Vgl. hierzu Kuhn, a.a.O., S. 375. Kuhn nennt den Typus des ideolo-

gischen Krieges doppelförmig und unterscheidet an ihm Kreuzzugskriegc und als deren säkularisiertes Nachbild ideologische Kriege im eigentlichen Sinne.

190 Kuhn, a.a.O., S. 376.

191 Tacitus, Cornelius, Germania VII, 2-4 .

192 Kuhn, a.a.O., S. 378.

193 Publius Maro Vergil, Aeneis IV 851-854.

194 Jean-Jaques Rousseau, Du contrat social, I, 4.

195 Kuhn, Der Staat – Eine philologische Darstellung, S. 386.

196 Siehe: „Der Kreuzzugsaufruf an den Grafen der Bretagne und dessen Vasallen": Friedrich-W. Wentzlaff-Eggebert, Kreuzzugsdichtung des Mittelalters, Berlin 1960; das Zitat von Bernhard von Clairvaux, Epist. 467, findet sich in Jacques-Paul Migne, Patrologiae Cursus Completus, Series Latina, Bd. 182, S. 671.

197 Alexis de Tocqueville, Die Demokratie in Amerika, Bd. 2, Zürich 1987, S. 391.

198 Thomas Mann, Der Zauberberg, 6. Kapitel: „Noch jemand".

199 Carl Schmitt, Theorie des Partisanen – Zwischenbemerkung zum Begriff des Politischen, Berlin 1963, S.96.

200 Vgl. hierzu Kuhn, Der Staat – Eine philologische Darstellung, S. 390.

201 Gustav E. Gustenau, „Politisch-strategische Überlegungen zur Operation ‚Allied Force'", in: Erich Reiter (Hg.), Der Krieg um das Kosovo 1998/99, Mainz 2000, S. 90.

202 Erich von Ludendorff, „Das Wesen des totalen Krieges" in: Günter Dill (Hg.): Clausewitz in Perspektive, Frankfurt/M. u.a. 1980, S. 514.

203 Dieter Henrich, Ethik zum nuklearen Frieden, Frankfurt 1990, S. 9.

204 Heimo Hofmeister, „Der Mensch als Maß und der Mensch nach Maß – Verantwortung und Medizinischer Fortschritt", in: ders., Der Mensch als Subjekt und Objekt der Medizin, Neukirchen-Vluyn 2000.

205 Vergleiche hierzu: Klaus von Beyme, Interessengruppen in der Demokratie, München 1969.

206 Heraklit, Fragmente B 80.

207 Aristoteles, Politik, VII, 1333 a 35-36.

208 Der Brief Albert Einsteins ist ausschnittweise zitiert in einer editorischen Vorbemerkung zu Freuds Antwortschreiben in der Studienausgabe, Frankfurt/M. 1974, Bd. IX, S. 274.

209 Martin Kriele, Einführung in die Staatslehre, Opladen [4]1980, S. 56.

210 Hermann Heller, Die Souveränität – Ein Beitrag zur Theorie des Staats- und Völkerrechts, Berlin/Leipzig 1927, S. 106.

211 Ebd., S. 106.

212 Kriele, Einführung in die Staatslehre, S. 64.

213 Georg Jellinek, Die Lehre von den Staatenverbindungen, Berlin 1882, S. 34.

214 Kant, „Über den Gemeinspruch: Das mag in der Theorie richtig sein, taugt aber nicht für die Praxis", in: Werke 8, S. 294 A.

215 Hegel, Philosophie des Rechts, § 278, Werke 7, S. 444.

216 Ebd., § 261, Werke 7, S. 410.

217 Siehe: Görg Haverkate, „Souveränität", in: Geschichtliche Grundbegriffe, S. 120.

218 Hegel, Philosophie des Rechts, § 322, Werke 7, S. 491.

219 Winfried Brugger, „Menschenrechte im modernen Staat", Archiv des öffentlichen Rechts, 114/1989, S. 537.

220 Vgl. Hegel, „Die Verfassung Deutschlands", Werke 1, S. 541.

221 Ebd., S. 541.

222 Hegel, Schriften zur Politik und Rechtsphilosophie, hg. von Georg Lasson, Leipzig 1913, S. 471.

223 Kant, Kritik der reinen Vernunft, B 779f.; Schriften 3, S. 491f.

224 Vgl. hierzu Hans-Michael Baumgartner, „Die friedenstiftende Funktion der Vernunft – Eine Skizze" in: Gerhard Schönrich und Jasushi Kato, Kant in der Diskussion der Moderne, Frankfurt/M. 1996, S. 57.

225 Ebd., S. 42.

226 Kant, Zum ewigen Frieden, Schriften 8, S. 355f.

227 Ebd., S. 346.   228 Ebd., S. 347.

229 Kant, Die Metaphysik der Sitten; Schriften 6, S. 355.

230 Kant, Zum ewigen Frieden, Schriften 8, S. 378.

231 Ebd., S. 379.   232 Ebd., S. 378.

233 Ebd., S. 356.

234 Kant, Die Metaphysik der Sitten, Schriften 6, S. 318.

235 Kant, Zum ewigen Frieden, S. 357.

236 Ebd., S. 354.

237 Kant, Die Metaphysik der Sitten, Schriften 6, S. 311.

238 Kant, Zum ewigen Frieden, Schriften 8, S. 367.

239 Ebd., S. 367.   240 Ebd., S. 344.

241 Hegel, Grundlinien der Philosophie des Rechts, § 324 Zusatz, Werke 7, S. 493f.

242 Vgl. hierzu Kant, Zum ewigen Frieden, Schriften 8, S. 345; ebenso: Die Metaphysik der Sitten, Schriften 6, S. 354.

243 Hegel, Philosophie des Rechts, § 324, Werke 7, S. 494.

244 Ebd., § 330, Werke 7, S. 497f.

245 Hegel, Jenaer Systementwürfe III, S. 263.

246 Hegel, Philosophie des Rechts, § 137, Werke 7, S. 255.

247 Ebd., § 139, Werke 7, S. 261.

248 Ebd., § 331, Werke 7, S. 498.

249 Ebd., § 331 und 331 Zusatz, Werke 7, S. 498f.

250 Richard Kroner, „Politik und Weltpolitik", Zeitschrift für Politik, 10/1917, S. 22f.

251 Hegel, „Die Verfassung Deutschlands", Werke 1, S. 475.

252 Kant, „Preisschrift über die Fortschritte der Metaphysik", Schriften 20, S. 340.

253 Kant, Kritik der reinen Vernunft, B 779 f, Schriften 3, S. 491f.

254 Baumgartner, „Die friedenstiftende Funktion der Vernunft – Eine Skizze", S. 62.

255 Hans Saner, Kants Weg vom Krieg zum Frieden, Bd. 1, 275; Kant, „Das Ende aller Dinge" Schriften 8, München 1967, S. 335f.

256 Joel 4,10: „Macht aus euren Pflugscharen Schwerter und aus euren Sicheln Spieße! Der Schwache spreche: Ich bin stark!".

257 Wladimir Iljitsch Lenin, Über Krieg, Armee und Militärwissenschaft, Berlin 1959–61, I, S. 444.

258 Vgl. John Helgeland, „Christians and the Roman Army A. D. 173–337", in: Church History 43/1974, S. 149ff.

259 Quintus Septimus Tertullian, Apologeticum – Verteidigung des Christentums, lat.-dt., München ⁴1992, S. 166f.

260 Kanon 3: Wörtlich lautet der Synodalbeschluß: „In bezug auf die, die im Frieden die Waffen wegwerfen, gefiel es [der Synode], daß sie sich der Kommunion enthielten." Unklar ist die Bedeutung dieses Beschlusses, der vermutlich Wehrdienstverweigerer nicht insgesamt exkommunizieren wollte, jedoch die, die die Mitwirkung an polizeilichen Funktionen des Heeres verweigerten.

261 Ambrosius, De officiis ministrorum I 36/178, Jacques-Paul Migne, Patrologiae Cursus Completus, Series Latina, Bd. 16, S. 82.

262 Auf dem Katholikentag (23.07.1950) der Erzdiözese Köln formulierte der Vorsitzende der Deutschen Bischofskonferenz, Josef Kardinal Frings, dies folgendermaßen: Wo die „Gottesordnung in ihren tiefsten Grundlagen bedroht oder angegriffen ist, da haben die Staaten oder ihre Vereinigung das Recht, ja die Pflicht, wenn alle anderen Wege versagen, selbst mit Waffengewalt diese Ordnung wiederherzustellen[...]". Siehe hierzu Michael Kuderna, Die Katholische Kirche und ihre Haltung zur Wiederbewaffnung Westdeutschlands unter besonderer Berücksichtigung katholischer Opposition, Masch. Manuskript, München 1977 (Bibliothek der hessischen Stiftung Friedens- und Konfliktforschung, Frankfurt/M.), S. 25.

263 Augustinus, De civitate dei XXII, 6. Die Übersetzung von Wilhelm Thimme, Zürich 1955 (II, S. 762f.) wird gelegentlich leicht modifiziert.

264 Ebd., 6.   265 Ebd., 6.

266 Augustinus, Quaestiones in Heptateuchum VI, 10. Corpus scriptorum ecclesiasticorum latinorum (CSEL), Bd. 25/1, S. 672ff.

267 Markus 12, 17.

268 Augustinus, Contra Faustum XXII, 74f.

269 Augustinus, Contra Faustum XII, 75.

270 „Was ist am Krieg zu tadeln? Ist es die Tatsache, daß darin Menschen getötet werden – die doch alle eines Tages sterben müssen –, damit die Sieger

in Frieden leben können? Das am Krieg zu beanstanden oder verabscheuen, ist kleinmütig und hat mit Gottesfurcht wenig zu tun. Berechtigte Einwände gegen den Krieg sind die in ihm hervorgetretenen Gesinnungen, wie Lust zu schaden, grausame Rachgier, Unversöhnlichkeit, Vergeltungswut, Eroberungssucht [...]" (Augustinus, Contra Faustum XXII, 74.)

271 Heinz-Gerhard Justenhofen, Francisco de Vitoria zu Krieg und Frieden, Köln 1991, S. 93. Siehe auch Francisco de Vitoria, De iure belli, in: Francisco de Vitoria; Obras, Madrid 1960, S. 839f.

272 Die Bußbücher dieser Zeit lassen diesen Wandel erkennen.

273 Urban II., Epist. 122, in: Jacques-Paul Migne, Patrologiae Cursus Completus. Series Latina, Bd. 151, S. 394.

274 Vgl. hierzu Heinrich Hagenmeyer (Hg.), Epistolae et chartae ad historiam primi belli sacri spectantes quae supersunt aevo aequales ac genuinae. Die Kreuzzugsbriefe aus den Jahren 1088–1100, Innsbruck 1901, S. 178. Kriege zum Schutze der Kirche wurden als gerechte Kriege angesehen. Mußte sich die Kirche selbst verteidigen, wie in den Sarazenenkämpfen der Päpste im 9. und 10. Jahrhundert, war für die Teilnahme an einem solchen Krieg keine Buße erfordert, galt der Kampft für die Kirche doch als heilbringende Handlung. Siehe: Carl Erdmann, Die Entstehung des Kreuzzugsgedankens, Stuttgart 1935, S. 23f.

275 Hagenmeyer, Kreuzzugsbriefe, S.178. Vgl. Philipp Jaffé-Löwenfeld, Regesta Pontificum Romanorum, 2. Aufl. bearb. von s. Löwenfeld, F. Kaltenbrunner, P. Ewald, 2 Bde., Leipzig 1885, 1888 Nd Graz 1956, Nr. 5835.

276 Vgl. Ernst-Dieter Hehl, Kirche und Krieg im 12. Jahrhundert, S. 5.

277 Ebd., S. 10.

278 Nur erwähnt sei, daß gemäß einer Verordnung Urbans II. jungverheirateten Männern die Teilnahme am Kreuzzug ohne Einwilligung ihrer Frau verboten war. Vgl.: Deuteronomium 20,7 und 24,5, wonach der Mann für ein Jahr nach der Eheschließung von der Heerfahrt befreit sein soll.

279 Zitiert nach: Ernst-Dieter Hehl, Kirche und Krieg im 12. Jahrhundert, S. 14.

280 Jacques-Paul Migne, Patologiae Cursus Completus. Series Latina, Bd. 163, S. 366; vgl. Jaffé-Löwenfeld, Philip, Regesta Pontificum Romanorum, Nr. 6426.

281 Jünger, In Stahlgewittern, S.252.

282 Ernst-Dieter Hehl, Kirche und Krieg im 12. Jahrhundert, S. 4.

283 Rousseau, Du Contrat social, ed. Garnier, Paris 1960.

284 Günter Rohrmoser, Religion und Politik in der Krise der Moderne, Graz/Wien/Köln 1989, S. 188.

285 Hegel, Philosophie des Rechts, § 4, Werke 7, S. 46.

286 Viktor E. Frankl, Ärztliche Seelsorge, Frankfurt/M. [4]1987, S. 257.

287 Hans Sedlmayr, Verlust der Mitte, Salzburg [11]1998.

288 Friedrich Schiller, Wallenstein, Die Piccolomini, 4. Auftritt, Vers 576.

Personenverzeichnis